LETTRE
DU
COMITÉ COLONIAL
DE FRANCE,
AU COMITÉ COLONIAL
DE SAINT-DOMINGUE;

CONTENANT LE JOURNAL HISTORIQUE de toutes les *Assemblées*, *Délibérations*, *Démarches* & *Opérations* de la Commission nommée par les Colons résidans *à Paris*; d'après les pouvoirs de ceux résidans *dans la Colonie*, depuis le 15 Juillet 1788, époque de la nomination de la Commission jusqu'à ce jour.

Le tout rédigé & mis en ordre,

Par M. LE MARQUIS DE GOUY D'ARSY,
Commissaire Rapporteur.

Approuvé & signé par MM. LES COMMISSAIRES.

PREMIÈRE PARTIE.

Du 15 Juillet, au 16

LETTRE

DES COMMISSAIRES DE LA COLONIE DE SAINT-DOMINGUE, A LEURS CONSTITUANS.

A Paris, ce 16 Septembre 1788.

C'EST avec une ſatisfaction bien vive, MESSIEURS ET CHERS CONFRÈRES, que nous nous livrons enfin au plaiſir de vous écrire, après en avoir ſenti le beſoin pendant ſix ſemaines; nos cœurs étaient pleins, mais nos œuvres étaient encore mortes, & nous ne voulions pas entrer en correſpondance que nous n'euſſions des œuvres vives à vous offrir. Vous jugerez, par notre conduite active, de nos efforts pour répondre à vos vues, & nous nous croirons dédommagés de toutes nos peines, fatigues, veilles, ſi nous recevons de vous la ſeule récompenſe que nous ambitionnons, un aveu formel de toutes nos démarches que nous n'avons cessé de diriger vers le but patriotique auquel vous désiriez d'atteindre.

L'ordre & la méthode étant les seuls moyens de se rendre clair dans les affaires importantes & sur-tout lorsqu'elles se traitent à une distance aussi étendue que celle qui nous sépare, nous allons vous annoncer la marche que nous avons résolu de suivre dans le compte que nous avons à vous rendre, & nous nous flattons que rien n'y sera oublié.

PREMIÈREMENT, nous vous accuserons la réception des lettres & papiers que nous avons reçus de vous.

SECONDEMENT, nous vous ferons l'historique de tout ce qui s'est passé depuis leur réception jusqu'à ce jour, & nous joindrons à ce récit copies des pièces justificatives qui présenteront quelqu'intérêt.

TROISIÈMEMENT, enfin, nous vous dirons avec amitié, franchise, loyauté, ce que nous pensons qu'il vous reste à faire dans la Colonie pour achever le grand & magnifique ouvrage que vous avez entrepris, dans lequel nous nous faisons gloire d'être vos plus zélés coopérateurs.

Enfin nous vous annonçons d'avance que d'ici à ce que nous ayons votre réponse à la présente, nous nous imposons la loi, en dépit de tous les bruits que le pouvoir ou l'envie feront répandre, de vous écrire tous les 15 jours une lettre qui sera moins longue que celle-ci, qui contiendra le Journal de nos démarches, de nos découvertes, le Recueil de nos observations, & toutes les pièces intéressantes à l'appui.

En échange de cette exactitude, nous osons, chers Concitoyens, exiger, de la vôtre, réponse à VUE à la présente & à toutes celles qui la suivront, pour nous tranquilliser à l'instant sur leur heureuse arrivée & celle des pièces annexées dont vous voudrez bien nous envoyer chaque fois un inventaire nominatif. Les détails que vous aurez à nous faire, suivront quelques jours après; mais notre inquiétude aura toujours diminué de quelques momens & vous ſentirez que c'eſt beaucoup, ſi, comme nous n'en doutons pas, vos cœurs ſont à l'uniſſon des nôtres.

Nous entrons en matière :

Ce fut à la fin de Juin 1788, ſeulement, que vos premières lettres des mois d'Avril & Mai parvinrent en France avec la lettre au Roi, & les ſignatures de pluſieurs Quartiers. Le tout à l'adreſſe de M. le Marquis de Paroy. Malheureuſement cet excellent compatriote n'était point alors à Paris, & vos dépêches furent le chercher à Bordeaux, ce qui perdit du tems. M. le Marquis Du Chilleau votre nouveau Gouverneur-général ſe trouvait dans cette Ville. M. de Paroy dont il eſt l'ami, crut devoir lui communiquer l'objet de vos lettres. Il en accueillit fort le motif, & trouva ſeulement que celle que vous aviez écrite au Roi était trop longue & trop forte dans certains articles; mais ils jugèrent enſemble qu'elle pouvait aiſément être raccourcie, modifiée, & qu'elle renfermait d'excellens matériaux pour les différens Mémoires qu'il feroit néceffaire de dreffer pour obtenir le redreffement de vos griefs. Le meilleur, le feul moyen d'y parvenir, fans doute, était de faire paraître la Colonie, par fes repréfentans, dans l'Affemblée des Etats-Généraux, dont le Roi venait de fixer la Convocation au premier Mai 1789. MM. de Paroy & Du Chilleau, n'eurent qu'un avis fur ce point, & la manière dont ce Gouverneur-général s'en expliqua fut tellement fimple & franche, que M. le Marquis de Paroy dut lui en donner tout le mérite à vos yeux ; ce qu'il fit par la lettre qu'il vous adreffa au mois de Juillet, en réponfe aux vôtres.

En même-tems, flatté de votre confiance, & pour y répondre, il preffa les affaires qu'il avait dans la Guyenne pour revenir à Paris fe concerter avec M. de Reynaud. Quelque diligence qu'il fît, il ne put être de retour dans la Capitale que le 27 Août, & pendant ce tems-là, il s'était déja paffé bien des chofes.

M. le Comte de Reynaud avait reçu

le 10 Juillet 1788 votre lettre du 31 Mai, ainſi que la lettre au Roi, & toutes les ſignatures & autres pièces qui l'accompagnaient. Cet ancien Commandant qui connaît mieux que perſonne la Colonie, & qui a prouvé pendant ſon adminiſtration qu'il l'aimait pour elle-même, ne put ſe refuſer à l'attendriſſement que lui causèrent vos regrets de ne le plus avoir pour Général, & ne put s'empêcher de ſaiſir ardemment une occaſion dans laquelle ſon zèle, ſon activité, ſon expérience pouvaient le mettre à même de vous rendre encore un important ſervice. Muni & flatté de vos pouvoirs, il ſongea à en faire un emploi prompt & utile; mais M. le Marquis de Paroy n'était point ici & il ignorait & le lieu de ſa réſidence & l'époque de ſon retour.

Dans cette incertitude, il crut devoir faire ouverture de ſa miſſion à un Créole dont le nom peut vous être connu, Meſſieurs, & qui, ſans avoir pris naiſſance dans votre Iſle, a de grands intérêts à ſa proſpérité & mérite par ſon patriotiſme colonial, & par ſon zèle, d'être mis au rang des plus zélés défenseurs de vos droits. Nous parlons de M. LE MARQUIS DE GOUY qui a épousé, il y a 9 ans, Mademoiselle DE BAYEUX, & qui joint à une belle Sucrerie au Port Margot, d'autres biens dans la Colonie. Accoutumé dès long-tems aux affaires, il lut attentivement vos lettres, mémoires, projets, & s'écria après cette lecture : ils ont bien raison ; il n'y a pour obtenir tout cela que les ETATS-GÉNÉRAUX. Je pense comme eux & comme vous, répliqua M. de Reynaud, & je ne crois pas qu'il puisse y avoir un autre moyen. Ces Messieurs ignoraient alors que M. de Paroy & M. Du Chilleau, avaient prononcé précisément de même à 200 lieues d'eux.

Après s'être confirmés dans cette idée, MM. de Reynaud & de Gouy cherchèrent les moyens les plus sûrs de parvenir au but commun. Ils songèrent que quelle que dût être l'influence d'un ancien Gouverneur quand il s'agit de la Colonie qu'il a administrée, on n'y aurait point assez d'égards dans ce Pays-ci, & qu'il fallait forcer le préjugé miniſtériel en dominant l'opinion publique. Or, vous le ſavez, l'opinion publique ne peut ſe dominer que par la réunion de plusieurs voix qui la captivent. Ces Meſſieurs après s'être bien pénétrés de la lecture de vos dépêches & de l'intention renfermée bien réellement dans les expreſſions de vos pouvoirs, arrêtèrent qu'il fallait les remettre à une Aſſemblée de nos Compatriotes réſidens en France, comme un dépôt précieux dont ils feraient l'uſage que la prudence & leurs intérêts leur dicteraient. Cette Aſſemblée eut lieu le 15 Juillet; M. le Marquis de Gouy ne s'y trouva pas, mais M. le Comte de Reynaud y expoſa vos griefs, vos deſirs, & remit aux Colons les vœux de la Colonie; il n'y en eut qu'un pour ſe réunir à vous, chers Compatriotes; tous adoptèrent vos idées, vos demandes, vos moyens, & tous conclurent unanimement que le pouvoir arbitraire ne tendant qu'à fermer aux ſujets les avenues du Trône, vos griefs, quelque juſtes qu'ils fuſſent ne parviendraient peut-être jamais à l'oreille du Souverain, si l'on ne profitait avec empressement de l'instant où la barrière entre le Roi & les peuples, fermée depuis si long-tems, allait enfin s'ouvrir; qu'il fallait même tenir secrets les motifs de plaintes, & demander tout uniment à titre de justice, à titre de droit, la représentation de la Colonie aux Etats-Généraux du Royaume; qu'une fois admis dans cette Assemblée auguste, vos Députés sauraient bien sans doute, obtenir du Monarque & de la Nation le redressement de vos griefs. Cette opinion, nous le répétons, fut celle de l'unanimité; on s'occupa immédiatement des moyens de l'exécuter. Le seul praticable était la nomination de plusieurs Commissaires qui réunîssent à des biens considérables dans la Colonie, c'est-à-dire, à de grands intérêts personnels, un rang dans ce Pays-ci, & des lumières qui les rendîssent propres à être les défenseurs d'une si belle cause, & à franchir tous les obstacles de l'envie, & du préjugé pour la gagner aux yeux de l'univers.

Il ne nous appartient pas, chers Compatriotes, de vous dire si cette élection importante a répondu aux bonnes intentions des Electeurs ; un jour viendra où vous pourrez prononcer sur nos talens ; dès ce moment, nous pouvons vous répondre de notre zèle ; dans tous les tems, nous reclamerons votre indulgence & vos suffrages.

Ceux de vos Frères se réunirent d'abord en faveur de MM. le Comte de Reynaud & le Marquis de Paroy, que vous aviez vous-mêmes désignés, & au choix desquels toute l'Assemblée applaudit. On leur donna pour Collègues MM. le Duc de Praslin, M. le Marq. de Gouy-d'Arsy, M. le Duc de Cereste-Brancas, M. de Peyrac, M. le Comte de Magallon, M. le Chevalier Dougé & M. le Marquis de Perrigny.

Ce choix tomba à dessein sur trois habitans de la partie du nord, trois de la partie de l'ouest, & trois de la partie du sud. On leur donna des pouvoirs signés de tous les Membres présens, dont voici la teneur :

NOUS SOUSSIGNÉS PROPRIÉTAIRES dans la Colonie de Saint-Domingue, avons par le présent choisi & nommé les Commissaires ci-dessous désignés pour faire parvenir aux pieds du Roi les différentes demandes des Habitans, & particulièrement leurs voeux pour être réprésentés aux Etats-Généraux, dont Sa Majesté a annoncé la Convocation, & ce par des Députés choisis librement & volontairement; à l'effet de quoi, nous donnons tout pouvoir de nous représenter dans toutes les démarches que la prudence leur suggérera & même de remplacer à la pluralité des Voix entr'eux, par des Propriétaires présens en France, ceux qui ne pourraient pas accepter la présente Commission, *à Messieurs*

LE DUC DE CHOISEUL-PRASLIN.
LE MARQUIS DE GOUY-D'ARSY.
LE DUC DE CERESTE-BRANCAS.
LE COMTE DE REYNAUD.
DE PEYRAC.
LE COMTE DE MAGALLON.
LE MARQUIS DE PAROY.
LE CHEVALIER DOUGÉ.
LE MARQUIS DE PERRIGNY.

Fait à Paris, le 15 Juillet 1788.

Signé à la Minute. { Le Comte de Noë.
Le Marquis de Massiac.

Billard.

Coustard de Massé.

Gouraud de Bellevue.

Le Comte de Butler.

Cormier.

Raby du Moreau.

Le Chevalier d'Anglade.

Berard.

Audigé de Costieres.

Le Baron de Beaumont.

Le Chevalier Mœquet Montalet.

Dufour.

De Remoussin.

Clement.

Daugy.

Cournoyer.

Pigeon de Louisbourg.

Campan.

Collet.

Breux.

Le Chevalier de Court de la Tonnelle.

Legrand de la Pommeraye.

De Martineau.

Le Comte de Cesseles.

Poitevin de Messemy.

De Bremont, pour M. le Marquis de Puymontbrun, pour Madame la Marquise de Puymontbrun, & Madame la Marquise de Geoffre, ses filles.

De Montholon, *Conseiller d'État*.

Fournier de Bellevue.

Fournier de Bellevue, jeune.

De Ganderatz.

Conill.

Moreau.

Artau.

La Marquise de Mondion.

Le Comte d'Héricourt.

Le Vicomte de Leaumont.

Le Comte de Chailleau.

Bodkins Fitzgérald.

Le Comte de Grandpré.

Le Vicomte du Tour.

La Taste.

Care de Merle.

Amidieu du Change.

Colom.

Carlet.

La Chapelle La Tour.

De la Souchere Riviere.

Roberjot de Lartigue.

Veuve Aubert.

Pierre Robin.

La Comtesse de Chambellan, pour le Marquis de Chambellan, son fils.

Doré.

De Russy.

De Narbe.

Le Comte d'Autichamp.

La Comtesse de Pardieu, pour elle & ses enfans.

Lucas de Blére.

Thenét.

Perisse de Source.

Turbé de Bellevue.

Drouillard de Lamarre.

Le Chevalier de Montagnac.

De Piver.

Le Comte Macnemara.

Menou, Marquise de Pomery.

Le Marquis de Pomery.

Le Comte de Charitte.

Chabanon Dessalines.

Le Comte de Vergennes.

La Comtesse de Lentilhac de Sediere.

La Baronne de la Feronnays.

Le Comte de Lentilhac.

Le Comte de Bayeux.

Le Baron de la Feronnays.

Le Féron, Comtesse du Poulpry.

Le Marquis de Rostaing.

Louis-Philippe-Joseph d'Orléans, 1 *Prince du Sang.*

La Vicomtesse de Choiseul-Meuse.

Le Comte de Vaudreuil.

La Comtesse O-Gorman.

A ces pouvoirs, on crut devoir joindre une Lettrre circulaire adressée à tous nos Concitoyens pour les engager à se réunir à vous & à nous par leurs signatures. Elle fut libellée, comme il suit :

A Paris, le 15 Juillet 1788.

MESSIEURS,

D'APRÈS le vœu unanime, que la Colonie de Saint-Domingue vient de faire passer à MM. le Comte de Reynaud, & le Marquis de Paroy, & les Mémoires qu'elle leur a adressés, afin d'obtenir du Roi les graces que des intérêts pressans lui prescrivent de solliciter, nous avons jugé que le moyen le plus sûr d'y parvenir, était d'obtenir de la bonté de Sa Majestè que la Colonie soit représentée à l'Assemblée des États-Généraux, dont elle annonce la Convocatiou, & ce par des Députés qu'elle nommera elle-même. Considérant d'un autre côté que l'Arrêt du Conseil, du 5 Juillet 1788, autorise, invite même la Colonie à former cette demande, mais que néanmoins toute Assemblée pourrait être jugée indiscrète dans l'état actuel des choses, nous avons préféré de vous inviter par écrit, à adhérer par votre signature, à la nomination que nous venons de faire, de trois Commissaires, pour chacune des trois parties du Nord, du sud & de l'ouest de la Colonie, afin qu'ils s'occupent à rédiger les Mémoires, & à faire les démarches indispensables pour obtenir la permission de députer aux Etats-Généraux.

En conséquence, nous joignons à cette Lettre la nomination & les pouvoirs que nous avons signés.

Nous avons l'honneur d'être avec les sentimens de la Confraternité la plus intime, & de l'amitié la plus sincère,

Messieurs & chers Concitoyens,

Vos très-humbles & très-obéissans Serviteurs,

Les Colons de Saint-Domingue, présens à Paris, qui ont signé les pouvoirs énoncés ci-dessus.

Cette Assemblée qui avait eu lieu le 15 Juillet se trouvant sanctionnée par l'assentiment de beaucoup de nos Frères, les neuf

Commiſſaires acceptèrent le 1 Août la miſſion qui leur avait été confiée, & fixèrent leur première Aſſemblée au mardi 5 du même mois.

Le deſir que nous avons, chers Compatriotes, de ne vous laiſſer ignorer aucune de nos démarches, & la confiance intime que nous avons en nos Frères que nous regardons comme nos conſtituans, & dont la cauſe eſt la nôtre, nous a déterminé à vous envoyer, ſinon un récit exact & littéral de ce qui s'eſt paſſé, au moins un extrait détaillé de nos Séances. Puiſque nous n'avons pas eû le bonheur de vous y poſſéder, au moins voulons-nous que vous puiſſiez vous figurer y avoir été préſens. Rien ne peut mieux remplir nos vues que la méthode que nous adoptons.

EXTRAIT DU PROCÈS-VERBAL du premier Comité, tenu par Meſſieurs les COMMISSAIRES nommés par les Colons de Saint-Domingue, préſens à Paris, en vertu du vœu de ceux qui réſident à Saint-Domingue, à l'effet de ſolliciter auprès des Miniſtres de

SA MAJESTÉ, la repréſentation de la Colonie dans les futurs ETATS-GÉNÉRAUX, par des DÉPUTÉS que ladite Colonie choiſira elle-même. *Du 5 Août* 1788.

CEJOURD'HUI cinq Août 1788, M. le Comte de Reynaud, M. le Marquis de Paroy, M. le Marquis de Gouy d'Arſy, M. le Duc de Praſlin, M. de Peyrac, M. le Duc de Cereſte Brancas, M. le Chevalier Dougé, M. le Comte de Magallon, M. le Marquis de Perrigny. Tous Commiſſaires nommés librement par les Colons de Saint-Domingue, préſens à Paris, en vertu des pouvoirs envoyés par la Colonie à M. le Comte de Reynaud, ayant été régulièrement convoqués, cinq d'entre-eux ſeulement, préſens dans la Capitale, ſe ſont aſſemblés & ſe ſont occupés des affaires importantes confiées à leurs ſoins.

Il a d'abord été fait lecture des pouvoirs donnés aux neuf Commiſſaires ſuſnommés, par le vœu unanime des Colons, & des ſignatures nombreuſes appoſées au bas deſdits pouvoirs; & comme il a paru utile à la Commune, d'augmenter le plus poſſible le nombre des Signataires, la matière miſe en délibération, réſolu, qu'il ſera fait neuf copies des pouvoirs donnés aux Commiſſaires, & des ſignatures dont ils ſont déja revêtus, que chaque copie ſera certifiée véritable par tous les Collègues de celui qui en ſera porteur, &

destiné à recevoir de nouvelles signatures, pour, toutes ces copies réunies, présenter le vœu général des Colons, & donner à la Commission toute l'influence dont elle a besoin, pour parvenir au but qu'elle se propose.

Il a ensuite été proposé de réunir les matériaux nécessaires pour dresser la Requête à présenter à Sa Majesté, & il a été résolu que chacun des Commissaires ferait un projet sur ce plan, & le soumettrait à la prochaine Assemblée, pour en composer un tout plus parfait.

Il a été résolu d'écrire une Lettre à M. le Marquis Du Chilleau, Gouverneur-général, actuellement en France, pour lui être remise à son retour à Paris, & le prévenir sur tous les projets des Commissaires & le vœu de la Colonie. M. le Marquis de Gouy a été chargé de rédiger cette Lettre, & de la présenter au prochain Comité.

Le prochain Comité a été fixé à Mardi 12 du courant, & se tiendra chez M. le Marquis de Gouy.

Fait à Paris, en Comité, ce Mardi 5 Août 1788.

Signé Le Marquis DE GOUY-D'ARSY, Le Comte DE REYNAUD, Le Comte DE MAGALLON, Le Chevalier DOUGÉ, Le Marquis DE PERRIGNY.

Pendant la semaine qui suivit, on s'occupa de réunir des signatures & de faire des prosélytes à notre projet. M. le Marquis de Gouy écrivit, comme il en avait été chargé, à M. le Marquis Du Chilleau, la lettre ſuivante :

A Paris, le 12 Août 1788.

MONSIEUR LE MARQUIS,

SA MAJESTÉ ayant annoncé, par l'Arrêt rendu en ſon Conſeil d'Etat, le 5 Juillet dernier, la Convocation prochaine des Etats-Généraux, & ayant daigné inviter ſes Sujets, à adreſſer à ſes Miniſtres tout ce que le Patriotiſme leur inſpirerait, dans cette circonſtance, pour l'intérêt de l'État. Les grands Propriétaires de biens à Saint-Domingue, n'ont pas cru devoir garder le ſilence dans une conjoncture auſſi intéreſſante pour la Colonie, ils ont penſé qu'il était de leur devoir de porter aux pieds du Trône l'expreſſion de leur reconnaiſſance; que ce ſerait entrer dans les vues du Roi, de lui repréſenter toute l'influence que Saint-Domingue ne peut manquer d'avoir dans le ſyſtême intérieur du Commerce, & de ſupplier Sa Majeſté de ne point refuſer à une Colonie, plus grande & plus productive qu'aucune des Provinces du Royaume, la permiſſion de ſe faire repréſenter dans les Etats-Généraux, par des Députés dont elle ferait choix. Cette Requête ne pouvant être rédigée que par des Commiſſaires nommés à cet effet, les Colons, préſens à Paris, ont choiſi MM. le Marquis de Paroy, le Comte de Reynaud, le Marquis de Gouy-d'Arſy, le Duc de Praſlin, le Duc de Cereſte, de Peyrac, le Chevalier Dougé, le Comte de Magallon, & le Marquis de Perrigny, auxquels ils ont conféré tous pouvoirs ſur ce point.

Le premier uſage que ces Commiſſaires aient cru devoir faire de leurs pouvoirs, Monſieur le Marquis, a été de vous en faire hommage, & de vous témoigner le deſir qu'ils ont de ſe concerter en tout avec vous, pour parvenir au but qu'ils ſe propoſent, & opérer le plus grand bien de la Colonie, dont l'Adminiſtration vous eſt confiée, & dont les intérêts doivent vous être ſi chers. Ils attendent votre arrivée avec impatience, & vous prient de leur fixer le jour & l'heure où ils pourront avoir l'honneur de vous faire leur cour. C'eſt dans ces ſentimens de Patriotiſme que vous partagez, Monſieur le Marquis, que nous ſommes avec reſpect,

Vos très-humbles & très-obéiſſans Serviteurs.

Les Commiſſaires de la Colonie de Saint-Domingue.

Le Mardi 12, vos Commiſſaires s'aſſemblèrent chez M. le Marquis de Gouy & y paſsèrent quatre heures à diſſerter ſur les intérêts de la Colonie, on ne résuma dans le plumitif que les principaux objets traités dans la Séance dont la teneur ci-après :

EXTRAIT DU PROCÈS-VERBAL du second Comité, tenu par Messieurs les Commissaires de la Colonie de Saint-Domingue, du 12 Août 1788.

CEJOURD'HUI, douze Août 1788, en l'absence de MM. le Marquis de Paroy, le Duc de Cereste, & de Peyrac, MM. le Duc de Praslin, le Comte de Reynaud, le Chevalier Dougé, le Comte de Magallon, le Marquis de Gouy-d'Arsy, & le Marquis de Perrigny, se sont assemblés.

M. le Marquis de Gouy a observé à MM. les Commissaires, que pour procéder avec ordre, il était nécessaire d'ouvrir chaque Assemblée par la lecture du Procès-verbal de l'Assemblée dernière, afin de rapeller à MESSIEURS, ce qui s'était passé alors, ce qui avait été arrêté, & ce qui devait être délibéré en conséquence. Cette observation a été unanimement adoptée. Pour la mettre aussi-tôt à exécution, M. le Marquis de Gouy, qui avait rédigé le plumitif du Comité du 5, a fait lecture de ce Procès-verbal.

D'après ce qui avait été arrêté, M. le Marquis de

Perrigny a lu des notes très-ſages & très-inſtructives, propres à ſervir de baſe à un Ecrit à publier en faveur de la demande des Colons.

M. le Duc de Praſlin a ouvert l'avis de faire faire une brochure intitulée : *Vœux patriotiques d'un Américain ſur la prochaine Aſſemblée des Etats-Généraux*, dans laquelle on apprendrait au public ce qu'ont été les Colonies, ce qu'elles ſont, ce qu'elles peuvent devenir, & ſurtout de quelle importance pour la France eſt celle de Saint-Domingue.

Cette opinion a été adoptée, & M. le Marquis de Gouy s'eſt chargé de fournir à M. de la Croix, ancien Avocat au Parlement, les matériaux néceſſaires, & de lui remettre les notes que venait de lire M. le Marquis de Perrigny.

Réſolu que ce Mémoire ſera revu par le Comité avant d'être imprimé.

M. le Marquis de Gouy s'étant chargé de faire la lettre deſtinée pour M. le Marquis Du Chilleau, en a fait lecture, elle a été aprouvée unanimement, & ſignée de tous les Membres de la Commiſſion pour être envoyée à ſa deſtination.

M. le Marquis de Gouy tenant la plume, a rédigé le préſent procès-verbal, & en a fait lecture à ſes Collègues qui l'ont ſigné.

Le prochain Comité a été fixé à mardi 19 du courant, & se tiendra chez M. le Marquis de Gouy.

Fait à Paris, en Comité, ce mardi 12 Août 1788.

Signé LE DUC DE CHOISEUL-PRASLIN, LE MARQUIS DE GOUY-D'ARSY, LE COMTE DE REYNAUD, LE COMTE DE MAGALLON, LE CHEVALIER DOUGÉ, LE MARQUIS DE PERRIGNY.

Dès le lendemain M. de Gouy fut voir M. de la Croix, Ecrivain très-exercé, & dont les œuvres sur les Loix pénales, ont eu un grand succès. Il l'instruisit de tout ce qui concernait la Colonie, & de sa position politique actuelle, tant par rapport à elle-même que par rapport à la Métropole. Il lui remit les notes de M. le Marquis de Perrigny, les siennes, & lui recommanda une diligence qui répondît à votre juste impatience & à nos desirs. En effet, le mardi 19, M. de la Croix envoya à M. le Marquis de Gouy un manuscrit dont il fit lecture au Comité qui se tint chez lui le même jour & dont le plumitif est ci-après :

EXTRAIT DU PROCÈS-VERBAL du troisième Comité tenu par Messieurs les Commissaires de la Colonie de Saint-Domingue, du 19 Août 1788.

CE JOURD'HUI dix-neuf Août 1788, en l'absence de MM. le Duc de Cereste, de Peyrac & de Paroy, MM. le Duc de Praslin, le Comte de Reynaud, le Comte de Magallon, le Marquis de Perrigny, le Chevalier Dougé, le Marquis de Gouy-d'Arsy se sont assemblés.

On a fait lecture du procès-verbal du dernier Comité du 12 du courant.

M. de Gouy a rendu compte à MM. les Commissaires de la mission qu'ils lui avaient donnée relativement à l'ouvrage proposé; il a dit en avoir chargé M. de la Croix Avocat au Parlement. Ce Jurisconsulte qui pendant l'interruption de fonctions des Cours Souveraines, s'étoit refusé comme tous ses Confrères à tout ce qui avoit trait aux affaires de leur ressort ordinaire, touché de la justice de nos réclamations, avoit bien voulu s'en occuper comme d'un objet purement politique. M. de Gouy a fait lecture de son ouvrage.

Il a été fort goûté par MM. les Commissaires, puis examiné, revu & corrigé, pour être mis d'autant plus à l'unisson de leurs idées.

M. de Gouy a été chargé de rédiger ces corrections, de les faire agréer par l'Auteur, puis de faire imprimer cette brochure, & d'en faire tirer 2000 exemplaires.

Il a en même-temps été autorisé à témoigner à M. de la Croix, la reconnaissance du Comité.

M. de Gouy le chargera de dresser incessamment la Requête au Roi, qui sera communiquée au plutôt à MM. les Commissaires, lesquels seront convoqués à cet effet dès qu'elle sera prête.

Cette Requête sera tenue fort secrète jusqu'à sa présentation.

Le prochain Comité est indiqué à mardi prochain 26 du courant, & se tiendra chez M. le Marquis de Perrigny.

Fait en Comité, à Paris, ce 19 *Août* 1788.

Signé LE DUC DE CHOISEUL-PRASLIN, LE MARQUIS DE GOUY-D'ARSY, LE COMTE DE REYNAUD, LE COMTE DE MAGALLON, LE CHEVALIER DOUGÉ, LE MARQUIS DE PERRIGNY.

Dès le lendemain, M. le Marquis de Gouy se réunit à l'Auteur de la Brochure pour y faire les changemens & additions prescrites par MM. les Commissaires; on la livra à l'impression & on en pressa la publication.

Le 23 Août, M. le Marquis de Gouy reçut de M. le Marquis Du Chilleau la lettre ci-contre, en réponse à celle qu'il lui avait écrite le 12 au nom de la Commission.

Paris, le 21 *Août* 1788.

JE reçois en arrivant à Paris, M. le Marquis, la lettre que vous m'avez fait l'honneur de m'écrire en commun avec MM. le Duc de Praslin, le Comte de Reynaud, le Comte de Magallon, le Chevalier Dougé & le Marquis de Perrigny. J'irai demain à Versailles. Je ferai part à M. le Comte de la Luzerne du vœu de ces Messieurs & du vôtre, M. le Marquis; j'aurai l'honneur, à mon retour, de vous transmettre l'intention de ce Ministre, & ce sera avec grand plaisir, si elle est aussi favorable qu'il me parait que nous devons le présumer. J'en aurai toujours un réel lorsque je pourrai seconder les vues de MM. les Propriétaires de Saint-Domingue, & concilier leurs intérêts avec ceux du Roi.

Voudrez-vous bien, M. le Marquis, permettre que ma lettre vous soit commune avec MM. de Praslin, de Reynaud, de Magallon, Dougé & de Perrigny? être l'interprète de mes sentimens auprès de ces Messieurs, & agréer l'assurance du respect avec lequel j'ai l'honneur d'être, M. le Marquis,

Votre très-humble & très-obéissant serviteur :

Signé DU CHILLEAU.

Copie de cette Epître fut aussi-tôt envoyée

à tous MM. les Commiſſaires qui virent avec plaiſir que le Gouverneur futur de la Colonie ſe prêtait aux ſages vues des Habitans.

Le Mardi 26, on s'aſſembla chez M. le Marquis de Perrigny où M. le Comte de Reynaud apporta des dépêches du Cap, de M. Arnaud de Marſilly. Elles furent lues avec avidité, & ſingulièrement goûtées par tous les Membres de la Commiſſion : vous trouverez ci-après, chers Compatriotes, le plumitif de cette Aſſemblée.

EXTRAIT DU PROCÈS-VERBAL du quatrième Comité tenu par MM. les Commiſſaires de la Colonie de Saint-Domingue, du 26 Août 1788.

CEJOURD'HUI vingt-ſix Août 1788, en l'abſence de M. le Duc de Cereſte, MM. le Duc de Praſlin, le Comte de Reynaud, le Comte de Magallon, le Marquis de Perrigny, le Chevalier Dougé, de Peyrac, le Marquis de Gouy-d'Arſy, ſe ſont aſſemblés.

M. le Marquis de Gouy a fait lecture du procès-verbal du dernier Comité tenu chez lui le mardi 19.

Il a remis ſur le Bureau pluſieurs exemplaires de la brochure qui venait d'être imprimée ; elle a été lue &

unanimement approuvée : il a été décidé qu'on la mettrait demain en distribution.

M. le Marquis de Gouy, qui avait déja fait passer à ses Collègues des copies de la réponse de M. le Marquis Du Chilleau, leur a donné communication de l'original. Il a été arrêté que MM. les Commissaires iraient faire une visite, en Corps, à ce Gouverneur-général, & le remercier des bonnes intentions dans lesquelles ils paraissait être pour l'exécution des desirs de la Colonie.

On a fait lecture d'un projet de Requête au Roi, dressé par M. de la Croix. Ce projet n'a pas rempli l'idée de MM. les Commissaires, & il a été décidé que chacun d'eux s'occuperait de projetter une lettre à sa Majesté ; & une à son Ministre, & qu'on s'assemblerait vendredi prochain, pour examiner ces projets & convenir du jour où l'on présenterait celui qui serait adopté. M. le Comte de Reynaud a donné communication d'une lettre qu'il a reçue de M. Arnaud de Marsilly, en date du 30 Juin 1788, laquelle lettre accompagne de nouvelles signatures de beaucoup d'habitans, & un tableau très-bien fait & très-intéressant, relatif à la réunion du Conseil du Cap à celui du Port au Prince, & aux nombreux inconvéniens qui résultent de cette réunion.

Il a été arrêté que ces pièces seraient conservées précieusement, comme matériaux à employer & à publier en temps & lieux.

Le Comité a été ajourné à vendredi 29 du courant, & se tiendra chez M. le Marquis de Perrigny.

M. le Marquis de Gouy tenant la plume, a rédigé le présent procès-verbal, & en a fait lecture à ses Collègues, qui l'ont signé.

Fait en Comité, à Paris, le 26 Août 1788.

Signé LE DUC DE CHOISEUL-PRASLIN, LE MARQUIS DE GOUY-D'ARSY, LE COMTE DE REYNAUD, DE PEYRAC, LE COMTE DE MAGALLON, LE CHEVALIER DOUGÉ, LE MARQUIS DE PERRIGNY.

D'après l'arrêté qui précède, M. le Marquis de Gouy commença dès le lendemain à répandre la brochure imprimée chez tous les Américains, les Ministres, les Gens en place, & dans le public. Chacun de MESSIEURS en distribua un certain nombre parmi ses connaissances, & eut le plaisir de voir qu'elle était généralement approuvée. En même-tems M. de Perrigny & M. de Gouy travaillèrent chacun de leur côté à la Requête à présenter au Roi.

Le 28 Août, M. le Marquis de Gouy reçut une nouvelle lettre de M. le Marquis Du Chilleau

Chilleau en date du 23, il eut tout lieu d'être ſurpris de ſon contenu, lorſqu'il le rapprocha de l'Epître que ce Gouverneur-général lui avait écrite deux jours avant. Il eſt vrai, qu'alors M. le Marquis Du Chilleau parlait d'après ſon cœur, & que depuis, il avait eu une entrevue avec le Miniſtre.

Le Mardi 29, la Commiſſion s'aſſembla chez M. le Marquis de Perrigny qui y avait invité M. le Marquis de Paroy dont on venait d'apprendre l'arrivée. Tous les Commiſſaires accueillirent avec la plus grande joie un Collègue que les Colons avaient choiſi eux-mêmes pour porter leurs doléances aux pieds du Trône. On le mit au fait de tout ce qui s'était paſſé en ſon abſence, & enſuite on s'occupa d'un travail très-important dont vous prendrez connaiſſance par la lecture du plumitif ſuivant, qui demande toute votre attention.

EXTRAIT DU PROCÈS-VERBAL du cinquième Comité tenu par MM. les Commiſſaires de la Colonie de Saint-Domingue, du 29 Août 1788.

CEJOURD'HUI vingt-neuf Août 1788, en l'abſence de M. le Duc de Cereſte-Brancas, MM. le Duc de Praſlin, le Comte de Reynaud, le Comte de Magallon, le Marquis de Paroy, le Marquis de Perrigny, le Chevalier Dougé, de Peyrac, le Marquis de Gouy, ſe ſont aſſemblés.

M. le Marquis de Gouy a fait lecture du Procès-verbal du dernier Comité du 26 Août, tenu chez M. le Marquis de Perrigny.

Il a mis ſur le bureau une lettre miſſive qu'il a reçue de M. le Marquis du Chilleau, datée de Verſailles, le 23 du courant, & de la teneur ſuivante :

A Verſailles, le 23 Août 1788.

J'AI fait part ce matin, Monſieur, à M. le Comte de la Luzerne, de la lettre que vous m'avez fait l'honneur de m'écrire pour que Saint-Domingue ait des Députés aux Etats-Généraux. Ce Miniſtre s'en était déja occupé, & a jugé qu'il pourrait devenir nuiſible aux Colonies d'y en avoir. Peut-être voudrait-on les aſſujettir aux mêmes impoſitions des autres parties du Royaume. Si la propoſition s'en faiſait aux Etats-Généraux ſans que les Iſles y euſſent des Repréſentans, elle ne pourra y être diſcutée, & elles conſerveront leur même régime. Cet inconvénient prévu, Monſieur, eſt bon à éviter, & je crois néceſſaire à l'intérêt de Saint-Domingue de renoncer au projet de Députation.

J'ai l'honneur d'être avec respect, Monsieur, votre très-humble & très-obéissant serviteur.

Signé DU CHILLEAU.

Les motifs allégués dans cette lettre, pour éloigner la Colonie des États-Généraux, ont été mis en délibération & mûrement examinés par les Commissaires : ils ont unanimement été d'avis :

1°. Que si le véritable intérêt des Colons était de ne pas avoir de Députés aux États, un Ministre du Roi ne pourrait, ne devrait pas le leur dire, qu'il avait donc un autre motif.

2°. Que la raison mise en avant par ce Ministre, était inadmissible ; car pour qu'elle fût fondée, il faudrait supposer que la Nation rassemblée pour calculer ses forces & ses ressources, ne songerait à mettre à contribution les Colonies, qu'autant que la présence de leurs Députés, les avertirait de leur existence. Or, il est difficile d'imaginer que l'on oubliât totalement dans l'Assemblée des États, qu'il existe au monde une Isle comme Saint-Domingue, qui fait un commerce de plus de deux cents millions, qu'il était donc certain qu'il y serait question des Colonies & de leur régime.

3°. Qu'il est impossible de soutenir que l'Assemblée de la Nation n'oserait rien décider sur les Colonies, si les

Colonies n'avaient point de Repréſentans. En effet, quand un ſimple Arrêt du Conſeil pourra changer à toute heure le ſyſtême Colonial, & la Légiſlation bouleverſer même les fortunes, ſans conſulter un ſeul Colon, mettra-t-on en doute la puiſſance de l'Aſſemblée des États-Généraux. Ils ordonneraient ce qu'ils penſeraient devoir ordonner. Nous ſerions condamnés par défaut, impoſés proviſoirement, & nous n'aurions pas un ſeul défenſeur, pas une ſeule voix pour faire entendre nos gémiſſemens, nos cris, pour prouver que nous payons déja plus qu'il ne faudrait pour le bien de la Métropole & l'avantage du commerce. Qu'il eſt donc de la dernière importance que nous ayons nos Repréſentans aux États, qu'eux ſeuls peuvent nous obtenir les Aſſemblées Provinciales, Coloniales, les Commiſſions intermédiaires, & nous ſouſtraire au pouvoir arbitraire qui énerve la Colonie, & qui s'efforce en vain, dans ce moment intéreſſant, d'étouffer notre voix plaintive.

Qu'en conſéquence il était réſolu par MM. les Commiſſaires, de ne rien changer à leurs diſpoſitions, ſi ce n'eſt de leur donner toute l'énergie & toute l'activité dont elles étaient ſuſceptibles.

M. le Marquis de Perrigny a fait lecture de la Requête qu'il avait projettée pour être remiſe au Roi : elle a été jugée renfermer des obſervations très-utiles & très-propres à être inſérées dans le Mémoire à faire par la ſuite.

M. le Marquis de Gouy a fait lecture; 1°. d'une lettre au Roi; 2°. d'une lettre au Ministre de la Marine; 3°. d'une lettre circulaire pour tous les Ministres d'État: toutes trois redigées par lui. Ces trois lettres ont obtenu une sanction très-flatteuse de MM. les Commissaires: elles ont été relues, revues & corrigées par eux; & après avoir été revêtues de leurs suffrages, il a été arrêté que ces trois lettres seraient copiées, & signées par tous les Membres de la Commission; qu'elles seraient présentées à Sa Majesté, au Ministre de la Marine, & à tous les Ministres du Roi; que celle au Roi serait imprimée, tirée à quatre mille exemplaires, & distribuée à la Cour, à Paris, dans les Ports & à Saint-Domingue; & qu'enfin copie de ces trois pièces, seroit annexée au présent procès-verbal.

M. le Marquis de Gouy a été chargé d'écrire à M. le Comte de la Luzerne, pour lui demander une audience à Paris, pour la semaine prochaine, au nom de MM. les Commissaires.

Le Comité prochain a été fixé à lundi premier Septembre, & se tiendra chez M. le Marquis de Gouy.

M. le Marquis de Gouy tenant la plume, a rédigé le présent procès-verbal, & en a fait lecture à ses Collègues, qui l'ont signé.

Fait à Paris, en Comité, le 29 Août 1788.

Signé LE DUC DE CHOISEUL-PRASLIN, LE MARQUIS DE GOUY-D'ARSY, LE COMTE DE REYNAUD, DE PEYRAC, LE COMTE DE MAGALLON, LE MARQUIS DE PAROY, LE CHEVALIER DOUGÉ, LE MARQUIS DE PERRIGNY.

Le 30 Août, d'après l'arrêté du Comité du 29, M. le Marquis de Gouy écrivit à M. le Comte de la Luzerne, la lettre suivante.

Paris, le 30 Août 1788.

MONSIEUR LE COMTE,

MM. le Duc de Praſlin, le Marquis de Perrigny, le Comte de Reynaud, le Chevalier Dougé, le Marquis de Paroy, de Peyrac, le Comte de Magallon, & le Duc de Cereſte, m'ont chargé de vous ſupplier de vouloir bien leur accorder une audience à Paris, pour un des jours de la ſemaine où nous allons entrer. Je partage l'empreſſement qu'ils ont de vous faire leur cour, & j'attends vos ordres pour les leur faire paſſer.

Je ſuis avec reſpect, Monſieur le Comte,

Votre très-humble & très-obéiſſant ſerviteur.

Signé LE MARQUIS DE GOUY-D'ARSY.

Le premier Septembre, le Miniſtre répondit de ſa main à M. le Marquis de Gouy.

A Verſailles, le 1 Septembre 1788.

JE ne vais que très-rarement à Paris, M. le Marquis, n'ayant que des momens fort courts à y paſſer, & beaucoup de courſes à faire; il me ſerait impoſſible de vous y recevoir : mais ſi vous voulez venir à Verſailles jeudi prochain 4 de ce mois, je ſerai enchanté de vous y recevoir à dix-heures du matin, & de vous y renouveller les aſſurances de l'attachement ſincère avec lequel j'ai l'honneur d'être, M. le Marquis,

Votre très-humble & très-obéiſſant ſerviteur.

Signé LA LUZERNE.

Il était clair par cette réponſe, dans laquelle le Miniſtre affectait de ne s'adreſſer qu'à M. le Marquis de Gouy ſeul, qu'il ne voulait pas reconnaître les Commiſſaires de la Colonie.

Ils ſe réunirent tous les neuf le même jour, lundi premier Septembre, chez M. le Marquis de Gouy. D'une Aſſemblée de quatre heures où l'on diſcuta des queſtions très-importantes, réſulta le plumitif ſuivant :

EXTRAIT DU PROCÈS-VERBAL du sixième Comité tenu par MM. les Commissaires de la Colonie de Saint-Domingue, du premier Septembre 1788.

CEJOURD'HUI premier Septembre 1788, MM. le Duc de Praslin, le Comte de Reynaud, le Comte de Magallon, le Duc de Cereste-Brancas, le Marquis de Parcy, le Chevalier Dougé, de Peyrac, le Marquis de Perrigny, le Marquis de Gouy-d'Arsy, se sont assemblés.

M. le Marquis de Gouy a fait lecture du procès-verbal du Comité du 29 Août, tenu chez M. le Marquis de Perrigny.

Il a mis sur le Bureau la minute de la lettre qu'il avait été chargé d'écrire à M. le Comte de la Luzerne, & dont copie est ci-dessus.

En même-temps il a donné communication de la réponse de ce Ministre, que l'on a déja vue.

Quoique M. le Comte de la Luzerne n'eût point parlé dans cette lettre des autres Membres de la Commission, il n'en a pas été moins convenu que tous MM. les Commissaires se rendraient jeudi 4, à dix heures du matin, à Versailles. M. le Duc de Praslin, que des circonstances particulières & honorables empêchent de s'y rendre, a chargé ses Collègues d'en faire part au Ministre.

M. le Duc de Praslin a lu des observations fort sages,

contenant des argumens très-forts pour appuyer nos demandes, & il a été arrêté qu'elles feraient employées en tems & lieux.

M. le Marquis de Gouy a lu, pour la dernière fois, la Lettre au Roi, à laquelle il avait fait quelques corrections; elle a été unanimement approuvée. Tous les Membres de la Commiſſion en ont ſigné neuf copies deſtinées à être remiſes, l'une à Sa Majeſté, & les huit autres à ſes Miniſtres.

M. le Marquis de Gouy a fait enſuite la dernière lecture de la Lettre qu'il a écrite au nom de MM. les Commiſſaires à M. le Comte de la Luzerne, & qui doit accompagner la Lettre au Roi, elle a été pareillement approuvée & ſignée de tous les Membres du Comité.

M. le Marquis de Gouy a lu, pour la dernière fois, la Lettre circulaire adreſſée à tous les Miniſtres d'Etat, & préſentée au dernier Comité.

Elle a été également ſignée de toute la Commiſſion.

Il a été arrêté qu'il ſerait fait part à M. le Marquis Du Chilleau : 1°. De la Lettre au Roi. 2°. De la Lettre à M. le Comte de la Luzerne. 3°. Du rendez-vous donné à Verſailles par le Miniſtre, qu'il feroit-même invité de s'y trouver Jeudi 4, & que le tout lui feroit communiqué par M. le Marquis de Gouy, dans une viſite qu'il lui feroit Mardi ou Mercredi au nom de la Commiſſion.

Meſſieurs les Commiſſaires ont chargé unanimement M. le Marquis de Gouy, de porter la parole dans la Conférence avec M. le Comte de la Luzerne.

Le prochain Comité a été fixé à Jeudi 4, & ſe tiendra chez M. le Marquis de Gouy, en revenant de Verſailles.

M. de Gouy, tenant la plume, a rédigé le préſent Procès-verbal, & en a fait lecture à ſes Collègues, qui l'ont ſigné.

Fait en Comité, à Paris, le premier Septembre 1788.

Signé Le Duc DE CHOISEUL-PRALIN, Le Marquis DE GOUY-D'ARSY, Le Duc DE CERESTE-BRANCAS, Le Comte DE REYNAUD, DE PEYRAC, Le Comte DE MAGALLON, Le Marquis DE PAROY, Le Chevalier DOUGÉ, Le Marquis DE PERRIGNY.

Le lendemain 2 Septembre, M. le Marquis de Gouy, pour ſe conformer à la miſſion qu'il avait reçue dans le Comité, écrivit à M. le Marquis Du Chilleau pour lui demander le jour & l'heure, où il voudroit bien le recevoir. M. Du Chilleau lui fit l'honneur de le prévenir, & ſe rendit chez lui le 3 Septembre matin.

M. le Marquis de Gouy le reçut avec cet air

franc & ouvert qui ordinairement gagne les cœurs, il n'oublia rien pour le conquérir à la bonne cause, & il crut avec raison que le meilleur moyen d'y parvenir était d'user des pouvoirs que nous lui avions tous donnés de ne point faire mystère de nos démarches à cet Administrateur. En conséquence, il lui donna communication de notre lettre au Roi, de celle qui était destinée pour le Ministre, de notre plan, & sur-tout de la fermeté avec laquelle nous étions déterminés à le suivre. M. Du Chilleau parut fort ébranlé. M. de Gouy en lui rappellant la première lettre qu'il lui avait écrite, le 21 Août, lui fit observer combien elle différait de celle du 23. Il prit la liberté de lui reprocher cette complaisance pour l'opinion ministérielle. Et il eut le plaisir de lui entendre dire en propres termes : *Vous prêchés un Converti ; M. le Marquis de Paroy a reçu ma profession de foi à Bordeaux ; vous l'avez reçue dans ma première lettre, mais le Ministre est d'un avis contraire, & je dois m'y soumettre.* M. de

Gouy l'exhorta, au contraire, à combattre courageusement dans le cabinet l'opinion de M. de la Luzerne, & l'invita à vouloir bien se rendre demain à Versailles chez ce Ministre avec MM. les Commissaires. Il s'en excusa sur sa santé, & se borna à prier M. de Gouy de lui faire part de ce qui se serait passé à cette Audience.

En effet le lendemain jeudi 4 Septembre, MM. le Duc de Cereste-Brancas, le Marquis de Paroy, le Comte de Reynaud, le Chevalier Dougé, le Comte de Magallon, de Peyrac, le Marquis de Perrigny, & le Marquis de Gouy-d'Arsy, se rendirent à Versailles, & se présentèrent à onze heures chez M. le Comte de la Luzerne. M. de Gouy qui avait le rendez-vous nominatif, se fit annoncer, & portant la parole, il présenta au Ministre ses Collègues en qualité de Commissaires de la Colonie de Saint-Domingue, & lui offrit les excuses de M. le Duc de Praslin leur zélé Confrère, absent. M. de la Luzerne parut embarrassé de cette qualité de Commissaires. Nous lui en expliquâmes l'origine, & nous en appuyâmes l'authenticité sur un volume de vos signatures, chers Compatriotes, que nous ouvrîmes à ses yeux.

Il nous dit que la Colonie n'avait pas pu s'assembler légalement sans ordre des Administrateurs. Nous répliquâmes qu'il était de l'essence de toute Assemblée légale d'avoir été précédée d'une Assemblée illégale, puisqu'il fallait bien s'assembler pour demander permission de s'assembler ; qu'au surplus, il fallait distinguer entre illégale & illicite ; qu'une Assemblée même prétendue illégale, n'était point illicite, lorsque son but était honnête, & que nul but n'était plus honnête que celui que vous désiriez d'atteindre, de parvenir aux pieds du Trône pour y porter vos doléances & vos hommages.

Alors, M. le Marquis de Gouy présenta au Ministre notre lettre au Roi ; en le priant, au nom de la Commission, d'en prendre connaissance, M. le Comte de la Luzerne la lut lui-même à haute voix comme il suit :

Paris, ce 31 Août 1788.

SIRE,

A L'INSTANT où VOTRE MAJESTÉ a témoighé à ses Sujets la plénitude de sa tendresse, en manifestant l'intention où elle était, de les réunir autour de son Trône, une sensation délicieuse a pressé tous les cœurs Français, & prompte comme l'éclair, cette commotion si douce s'est propagée AU-DELA DES MERS.

VOS COLONS DE SAINT-DOMINGUE n'attendaient que ce signal, pour voler aux pieds de leur Souverain. S'ils n'ont pas le bonheur de vivre sous ses yeux, ils n'en sont pas moins ses Sujets les plus fidèles, & chaque jour, lorsque sous un Ciel brûlant ils fécondent une terre desséchée en l'arrosant de leurs sueurs, ils songent avec délices, que l'œuvre de leurs mains transportée dans la Métropole, produit l'heureux effet, ou de soulager le pauvre, ou d'augmenter les jouissances du riche, & sur-tout, de doubler par une circulation rapide, les richesses du PÈRE COMMUN qui ne les prise que pour les reverser sur SES ENFANS.

C'EST ainsi, qu'au commencement du siècle dernier, des milliers d'hommes eurent le courage de renoncer aux douceurs de la MÈRE-PATRIE, de braver les dangers des tempêtes, & ceux d'un climat rigoureux, pour aller fonder dans un autre hémisphère une PATRIE NOUVELLE, dont l'organisation fût telle, qu'elle ne cessât jamais de correspondre avec la Métropole, & de lui devenir nécessaire, en augmentant son territoire, ses productions, ses échanges & ses rapports.

NOUS sommes, SIRE, les descendans de ces Enfans qui ont formé une NOUVELLE BRANCHE dans votre Empire. Nous avons reçu de nos Pères, comme un dépôt précieux, les Mœurs, les Loix, les Coutumes qui régissaient votre Royaume : ils les adaptèrent aux nouvelles Provinces qu'ils venaient de soumettre à votre domination : nous les avons conservé comme le feu sacré ; & c'est à ce signe non équivoque, qu'il nous sera toujours facile de prouver notre confraternité avec le Continent, si les liens qui nous ont rapproché dès-lors, & que nous avons su doubler depuis, n'étaient pas une preuve vivante de l'union intime, que le besoin, & des intérêts réciproques resserrent tous les jours.

DEPUIS cette époque éloignée, depuis l'aggrégation de ces nouvelles PROVINCES que l'on appelle COLONIES, les Rois vos augustes prédécesseurs, empêchés par le malheur des tems, ou par des guerres étrangères, n'ont jamais réuni leurs Sujets, pour conférer sur les affaires communes. De cette longue privation pour les Peuples, avait résulté une langueur qui aurait dégénéré en une maladie nationale, si VOTRE MAJESTÉ ne s'était hâtée d'y porter remède; il vous était réservé, SIRE, d'entrevoir le mal, d'en chercher la source, & d'adopter le meilleur de tous les moyens pour la tarir. Vous avez résolu d'appeller vos Sujets autour de Vous; Vous avez résolu de donner à l'Europe le spectacle imposant de 24 MILLIONS D'HOMMES, délibérant avec franchise devant leur Souverain.

Au moment de convoquer cette Assemblée auguste, VOTRE MAJESTÉ, par une suite de sa bonté prévoyante, a senti que les formes anciennes pouvaient être insuffisantes. Le changement des tems, l'augmentation de vos Domaines, semblaient exiger une modification essentielle dans la composition du Sénat de la France. Vous avez cru ne devoir consulter, sur un objet aussi important, que la NATION elle-même, & les intentions paternelles que Vous lui avez manifestées à ce sujet, le 5 *Juillet* & le 8 *Août* dernier, resteront à jamais gravées dans le cœur de tous les Français.

BIENTÔT, chaque Province a ouvert le dépôt de ses Chartes: les Savans ont interrogé les anciens Manuscrits: chaque Ordre a mis en avant ses prétentions, ses titres.....

NOUS, SIRE, nous n'en avons d'autres que d'être les ENFANS de VOTRE MAJESTÉ. Nous tenons dans

nos

nos mains les DEUX ARRÊTS qu'elle vient de rendre. Forts de ces titres précieux, enhardis par les droits qu'ils nous donnent, nous venons offrir à notre Père, notre amour, à notre Souverain, notre ſang : dès long-tems déja, nous avons ſu le répandre pour ſon ſervice : mais, ce n'eſt qu'aujourd'hui ſeulement, qu'il nous eſt libre de lui en préſenter, EN CORPS, le reſpectueux hommage.

EN effet, lors des derniers Etats, nos Ayeux n'avaient pas encore traverſé les mers, & la BRANCHE vigoureuſe que nous formons aujourd'hui n'était point encore ſéparée du TRONC.

QUEL accroiſſement, SIRE, dans un ſiècle & demi! nous avons été défricher des terres inconnues ; nous avons bâti des Villes ; nous avons preſque fondé un Empire. Victimes du climat, nous avons bravé la mort pour augmenter vos Poſſeſſions, & quand enfin, il a été bien reconnu que la nature refuſait aux Français la force de corps néceſſaire pour cultiver un ſol brûlé ſous une zone ardente, nous avons conſervé nos têtes pour ordonner les travaux, & nous avons été chercher au ſein de l'Afrique un Peuple entier d'habitans acclimatés : nous leur avons preſcrit d'enrichir la Métropole & notre Souverain, & pour prix d'un travail, tribut que le pauvre paie par-tout aux riches, nous les traitons par humanité & par intérêt, comme nos Enfans, en dépit des assertions erronées de quelques Philosophes novateurs.

AUJOURD'HUI, SIRE, nous mettons à vos pieds le résultat heureux de tant de peines, de tant de travaux, de tant de courage, de tant d'amour; AGRÉEZ LE SUCCÈS DE DEUX SIÈCLES, & daignez un moment en apprécier la valeur :

DU haut de votre Trône, promenez vos regards sur toutes les Provinces de la France; mesurez leur étendue; que votre œil, ensuite, franchisse l'Océan : qu'il embrasse l'immense Pays que nous représentons; qu'il compte SOIXANTE VILLES ou Bourgs, SIX MILLE HABITATIONS, qui sont autant de Villages, 200 LIEUES de côtes : qu'il voie la NAVIGATION entretenue par nous, LE COMMERCE vivifié par nous, DEUX CENTS MILLIONS mis en circulation par nous; qu'il voie, en tems de guerre, nos biens, nos personnes, les premières VICTIMES DE L'ENNEMI; qu'il nous voie alors les PREMIERS DÉFENSEURS DE L'ETAT, & daignez, à ces titres, nous assigner, comme à vos autres Enfans, NOS FRÈRES, une Place dans l'Assemblée prochaine de la GRANDE FAMILLE.

LE choix de nos Députés ne saurait être embarrassant : nous sommes tous propriétaires, tous égaux, tous Soldats, tous Officiers, tous nobles; nous ne formons qu'un ſeul ordre, comme nous n'avons qu'un cœur à vous offrir.

CEPENDANT, SIRE, nos intérêts ſont tellement importans, notre territoire ſi vaſte, les différences de climats & de productions ſi variées, que ce ſerait tromper VOTRE MAJESTÉ, que de ne pas lui faire connaître, que SEPT DÉPUTÉS, AU MOINS, de chacune des grandes diviſions de la Colonie, ſont indiſpenſablement néceſſaires pour lui apporter dans toute ſon intégrité, le vœu de Saint-Domingue, car CE NE SONT PAS DES DOLÉANCES, CE SONT DES VŒUX que nous avons à faire entendre.

VOTRE MAJESTÉ, en preſcrivant les formes de l'élection, ordonnera que les VINGT ET UN DÉPUTÉS ſoient choiſis librement, ou par les Propriétaires réſidens à Saint-Domingue, ſi le tems le permet : ou, ce qui reviendrait au même, par l'Aſſemblée générale des Colons réſidens en France, qui forment le plus grand nombre des grands Propriétaires, & dont la plupart ont l'honneur d'approcher tous les jours de votre perſonne.

OUI, SIRE, les liens du ſang, ces liens que rien ne ſaurait rompre, ont uni pour jamais votre nobleſſe avec Saint-Domingue. Votre Cour eſt DEVENUE CRÉOLE par alliances, & nous nous félicitons de penſer que nulle Province du Continent n'a l'avantage d'entourer VOTRE MAJESTÉ d'auſſi près que ſes Colonies de l'Amérique.

QUANT à nous, SIRE, que tous les Colons de ce ſecond Royaume ont honoré de leurs ſuffrages, chargés de mettre ſpécialement leurs hommages aux pieds de VOTRE MAJESTÉ, nous approchons de votre Trône, avec cette confiance qui accompagne toujours des Enfans ſoumis, lorſqu'ils adreſſent à un Père tendre une demande juſte. Nous nous glorifierons à jamais de notre miſſion, ſi nous avons le bonheur d'annoncer à nos Conſtituans, que VOTRE MAJESTÉ a daigné jetter ſur eux un regard paternel; & pénétrés de cette douce eſpérance, nous la ſupplions d'agréer le ſeul tribut digne d'Elle que nous puſſions lui offrir, celui d'une gratitude ſans bornes, & d'un abſolu dévouement.

Nous ſommes, avec reſpect,

SIRE,

DE VOTRE MAJESTÉ,

Les très-humbles, très-ſoumis,
& très-fidèles Sujets.

Signé LE DUC DE CHOISEUL-PRASLIN, LE MARQUIS DE GOUY-D'ARSY, LE DUC DE CERESTE-BRANCAS, LE COMTE DE REYNAUD, DE PEYRAC, le Comte de Magallon, le Marquis de Paroy, le Chevalier Dougé, le Marquis de Perrigny.

Quoique cette lettre contrariât ſans doute un peu les diſpoſitions miniſtérielles, M. de la Luzerne applaudit à ſa tournure, & nous aſſura qu'il allait la remettre au Roi. Nous le priâmes de vouloir bien auparavant jetter les yeux ſur la lettre qui lui était ſpécialement adreſſée par la Commiſſion & que nous lui remîmes. Elle était conçue en ces termes :

Paris, le 31 *Août* 1788.

Monseigneur,

Les Colons de Saint-Domingue, qui n'ont pu ſe conſoler de vous voir quitter le Gouvernement de leur Iſle, qu'en vous voyant ſiéger au Conſeil comme Miniſtre de la Marine, viennent aujourd'hui avec cette confiance que vos bonnes intentions leur ont toujours inſpirées, vous ſupplier de mettre ſous les yeux du Roi, la lettre qu'ils ont cru devoir adreſſer à Sa Majeſté dans les circonſtances actuelles.

Depuis un an, Monſeigneur, le Souverain a manifesté l'intention où il était d'assembler les Nations. Dès que sa volonté a été connue à Saint-Domingue, les Habitans n'ont pu avoir le moindre doute que le titre de Français, le seul dont il se glorifiassent, ne leur ouvrît l'entrée des États. Ils n'assistèrent point à ceux de 1614, parce qu'alors la Colonie n'existait point encore; mais depuis qu'elle est devenue un second Royaume (& vous en connaissez les forces & l'étendue), depuis qu'elle procure à la Métropole le débouché de toutes les denrées, depuis qu'elle lui donne en échange les productions précieuses qu'elle cultive dans son sein, & dont le luxe a fait des denrées de première nécessité; depuis qu'elle alimente le Commerce, qu'elle forme des Matelots pour la Marine Royale; depuis qu'elle est devenue l'agente d'une circulation de plus de DEUX CENS MILLIONS qui vivifie tout; Saint-Domingue est aussi devenue pour la France, la plus précieuse de ses Provinces, & même d'une toute autre importance que plusieurs Provinces réunies.

Dans cet état des choses, les Propriétaires, habitans dans la Colonie se sont assemblés : ils ont arrêté, d'une voix unanime, qu'une Requête en leur nom serait portée au pied du Trône, & ils ont fait passer en France les motifs de cette Requête, sanctionnés par DES MILLIERS de signatures.

Les Propriétaires, résidens en France, en ont pris

connoiſſance ; ils ſe ſont empreſſés d'adhérer au vœu général de leurs compatriotes : & en vertu des pouvoirs ſpéciaux que leur avaient envoyés ceux-ci, ils ont fait un choix de neuf Commiſſaires qui ſe trouvent réunir les vœux de toute la Colonie, & être revêtus de tous pouvoirs pour rédiger la juſte demande des Colons, la faire agréer au Miniſtre du Roi, & obtenir de lui qu'il veuille bien la mettre favorablement ſous les yeux de Sa Majeſté.

Nous ſommes, Monſeigneur, ces Commiſſaires que la voix de nos concitoyens a chargée de vous offrir l'hommage de leurs ſentimens, & de préſenter au Roi celui de leurs reſpects. Notre Commiſſion eſt bien flatteuſe, puiſque ſon objet eſt juſte, puiſqu'elle nous approche d'un Miniſtre équitable, qui ne veut que le bien de tous, & dont le cœur ne ſaurait être indifférent pour une Colonie dont il commençait à devenir le père, lorſque le Souverain l'a appellé pour en être le protecteur.

La place que vous occupez vous rend le VICE-ROI des deux Indes. Vous êtes notre Miniſtre, notre Juge, notre Chancelier..... que de moyens de nous rendre heureux !

Nous le ferons, Monſeigneur, ſi vous daignez vous pénétrer, avec ce diſcernement qui vous caractériſe, de la force & tout à la fois de la ſimplicité des raiſons ſur leſquelles nous appuyons notre demande.

Nous n'avons qu'un Roi, qu'une Loi, qu'une Coutume, qu'une Patrie, c'eſt la France ; nous ſommes donc tous Français : & ſous quelle autre dénomination ſerait-il poſſible de nous enviſager ?

Nous avons fondé, défriché, cultivé la plus grande, la plus belle, la plus productive Province de France ; nous formons donc une des principales Provinces de cet Empire : & ſous quel autre point de vue ſerait-il poſſible de conſidérer une Colonie ſi utile ?

Le Roi, dans ſa ſageſſe, appelle autour de lui les Députés de toutes les Provinces. LES DÉPUTÉS de Saint-Domingue doivent à l'inſtant ſe préſenter au pied du Trône : & ſous quel rapport ſerait-il poſſible de les en exclure ?

Nous n'avancerons pas, ſans doute, qu'il fût juſte de priver une ſeule Province du droit qu'elles ont toutes de ſe faire repréſenter aux États-Généraux. Cependant ſi de deux contrées limitrophes, une ſeule députait au nom de toutes deux, quel inconvénient pourrait-il en réſulter ? Mêmes Loix, même climat, mêmes productions : ce qui ſerait bon pour l'une, le ſerait pour l'autre ; & ſi l'une avait maintenu ſes droits, ceux de la Province voiſine ne ſeraient point lézés.

Mais LES COLONIES..... qui peut les repréſenter ? Mais SAINT-DOMINGUE, qui pourra parler pour elle, ſi des Députés choiſis librement par les Colons eux-mêmes, étaient exclus par une loi, qui apparemment, ſerait rendue exprès contr'eux, de l'Aſſemblée de la Nation dont ils ſont des Membres néceſſaires. Oui, Monſeigneur, nous ne craignons pas de dire que leur préſence eſt indiſpenſablement néceſſaire dans les États-Généraux; nous n'avançons rien que de vrai, en aſſurant que ſans eux l'Aſſemblée ſerait incomplette..... Et ſi les Provinces du Continent, pour diminuer les charges qui leur ſont impoſées, propoſaient d'en rejetter une partie ſur les Provinces Coloniales, qui ſerait là pour accepter ce fardeau, pour en évaluer le poids? qui ſerait là pour prouver peut-être que ſans aucun impôt nominatif, il n'eſt point de Province qui paie tant à l'État, que celles qui ſont au-delà des mers?

Cette propoſition paradoxale, ſerait pourtant rigoureuſement démontrée, s'il s'agiſſait de défendre ſon propre intérêt, dans une circonſtance où il ne s'agit que d'aſſurer l'intérêt général : mais cette démonſtration, ou tout autre, ne peut être donnée que par des DÉPUTÉS. Toutes les obſervations ſur l'attaque, ſur la défenſe de cette Iſle précieuſe, ſur la légiſlation, ſur le commerce de la Colonie, ne peuvent être faites que par des DÉPUTÉS. Enfin il faudrait que Saint-Domingue n'exiſtât pas, ou qu'elle n'appartînt plus à la France, ou qu'elle ait ſes REPRÉSENTANS dans l'Aſſemblée des États.

Ces vérités, Monſeigneur, ne ſont point nouvelles pour vous; elles ſont impreſcriptibles comme nos droits.

Vous daignerez les développer à Sa Majesté, lui dire que sa justice, son intérêt, notre amour, militent en notre faveur : vous serez notre Patron, & la bonne cause ne s'altérera pas dans vos mains.

Nous sommes avec respect, Monseigneur,

Vos très-humbles & très-obéissans serviteurs,

Les Commissaires de la Colonie de Saint-Domingue.

Signé LE DUC DE CHOISEUL-PRASLIN, LE MARQUIS DE GOUY-D'ARSY, LE DUC DE CERESTE-BRANCAS, LE COMTE DE REYNAUD, DE PEYRAC, LE COMTE DE MAGALLON, LE MARQUIS DE PAROY, LE CHEVALIER DOUGÉ, LE MARQUIS DE PERRIGNY.

La lecture de cette lettre fut suivie d'une longue discussion sur les intérêts de la Colonie. Toutes nos répliques, chers Compatriotes, furent dirigées, suivant vos instructions, vers ce seul but : obtenir que les Représentans de Saint-Domingue, siégent à leur place dans l'Assemblée de la grande famille ; qu'ils soient à même de veiller à vos intérêts, de soutenir vos droits, de présenter vos griefs au Souverain, & d'en solliciter le redressement. En conséquence nous priâmes M. le Comte de la Luzerne de placer favorablement notre lettre ſous les yeux de Sa Majeſté, & nous le prévînmes que nous allions de votre part en porter une copie à tous les Miniſtres de Sa Majeſté. Nous fûmes en effet chez M. Necker, M. le Comte de Montmorin, M. le Comte de Brienne, M. de Villedeüil, M. de Fourqueux, M. le Duc de Nivernois & M. le Garde des Sceaux. La copie que nous leur laiſsâmes, était accompagnée d'une lettre particulière, conçue en ces termes :

Paris, le 3 Septembre 1788.

MONSIEUR,

Auſſi-tôt que Sa Majeſté eut manifeſté, il y a un an, l'intention de convoquer les Etats-Généraux de ſon Royaume, aucune Province de ſon Empire, quelqu'éloignée qu'elle ſe trouvât du centre commun, ne put mettre en doute le droit d'aſſiſter, par ſes Députés, à cette Aſſemblée de la grande Famille. Les Provinces Coloniales ont partagé cette ſécurité, que leur importance actuelle doublait encore. Saint-Domingue, que ſon étendue, ſes productions, ſon commerce, doivent faire conſidérer comme un ſecond Royaume, aurait pû laiſſer à ſa prépondérance le ſoin de parler pour elle............ Cependant ſes Habitans ont cru, dans cette circonſtance, ſe devoir à eux-mêmes, de tenir une conduite patriotique & reſpectueuſe, dont ils ne s'écarteront jamais ; ils ſe ſont aſſemblés dans la Colonie, & ont arrêté de faire parvenir leurs vœux à l'oreille de leur Souverain. Séparés de lui par les mers, ils ſe ſont adreſſés à leurs Repréſentans naturels, à leurs Compatriotes réſidens en France. Ils les ont revêtus de leurs pouvoirs, & ils en ont ſanctionné l'Acte par des milliers de ſignatures. Ces derniers ſe ſont réunis à leur tour, ils ſe ſont empreſſés d'adhérer aux vœux de leurs Concitoyens, & de tranſmettre tous les pouvoirs que ces derniers leur avaient délégués à une Commiſſion compoſée de grands Propriétaires qui puſſent porter aux pieds du Trône la juſte demande de la Colonie. Le premier uſage que ces Commiſſaires ayent cru devoir faire de ces pouvoirs étendus, a été d'en donner connoiſſance à M. le Marquis Du Chilleau, Gouverneur-général de la Province. Sous ſes auſpices, ils ont expoſé l'objet de leur miſſion à M. le Comte de la Luzerne, Miniſtre du Département, leur Protecteur né ; maintenant il ne leur reſte plus qu'un devoir à remplir, & ce devoir ſe trouverait dans leur cœur, s'il n'était positivement exprimé dans leurs Instructions, c'est de faire hommage à tous les Ministres du Roi, du vœu de la Colonie, de les supplier d'en apuyer de toute leur influence, la justice dans le Conseil-d'Etat, & de se déclarer les Patrons d'un second Empire, à la prospérité duquel est liée désormais celle de la Mère-Patrie.

C'est sous ce rapport, Monsieur, que nous avons cru devoir adresser à Sa Majesté, une Lettre qui exposât, avec noblesse & simplicité, nos motifs & nos démandes. Nous en joignons ici une copie, que nous vous conjurons de lire avec toute l'attention que l'objet semble reclamer, & si vous nous accordez cette grace, nous n'en solliciterons aucune autre de votre équité, bien convaincus qu'elle ne peut vous dicter rien que de favorable à nos desirs.

Nous sommes avec respect,

MONSIEUR,

Vos très-humbles & très-obéissans Serviteurs :

Les Commissaires de la Colonie de Saint-Domingue.

Signé, Le Duc DE CHOISEUL-PRASLIN, Le Marquis DE GOUY-D'ARSY, Le Duc DE CERESTE-BRANCAS, Le Comte DE REYNAUD, DE PEYRAC, Le Comte DE MAGALLON, Le Marquis DE PAROY, Le Chevalier DOUGÉ, Le Marquis DE PERRIGNY.

Après avoir ainsi rempli, chers Compatriotes, la mission importante dont vous nous aviez si expressément chargé, après avoir répondu, nous osons le dire, avec le zèle le plus pur à la confiance flatteuse que vous nous aviez témoignée, nous n'avons pas cru que les travaux de ce jour fussent finis pour nous. Nous sommes revenus dîner à Paris, chez M. le Marquis de Gouy, où nous attendait M. le Duc de Praslin notre Collègue. Nous l'avons mis au fait de notre message, & nous avons tenu après dîner un très-long Comité, des délibérations duquel nous vous présentons ici l'extrait:

EXTRAIT DU PROCÈS-VERBAL du septième Comité, tenu par Messieurs les Commissaires de la Colonie de Saint-Domingue, du 4 Septembre 1788.

CEJOURD'HUI quatre Septembre 1788, en l'absence de M. le Duc de Cereste-Brancas, Messieurs le Duc de Praslin, le Comte de Reynaud, le Marquis de Perrigny, le Chevalier Dougé, de Peyrac, le Comte de Magallon, le Marquis de Gouy-d'Arsy, se sont assemblés.

M. le Marquis de Gouy a fait lecture du Procès-verbal du dernier Comité, tenu chez lui le premier Septembre.

Messieurs de Reynaud, de Perrigny, de Peyrac, de Paroy, de Magallon, & de Gouy, arrivant de Versailles, où ils s'étaient réunis avec M. le Duc de Cereste, ont fait le Précis de leur voyage à M. le Duc Praslin, qui n'y avait pas été par les raisons déduites au dernier Comité. Messieurs les Commissaires sont entrés ensemble chez le Ministre, M. le Marquis de Gouy, portant la parole, lui a énoncé l'objet de leur Mission. Le Ministre s'est récrié sur la qualité de Commissaires, qu'il ne pouvait reconnaître. Les Commissaires en ont appuyé la réalité sur le vœu de la Colonie, qui leur était assuré par des milliers de signatures, & ils en ont fait l'exhibition à M. le Comte de la Luzerne. En même tems, M. le Marquis de Gouy lui a remis LA LETTRE AU ROI, signée de tous les Membres de la Commission, il en a fait lecture lui-même, ainsi que de celle qui y était jointe pour lui. Il a dit qu'il avait déja prévenu le Roi des vœux de la Colonie, & qu'il était AUTORISÉ A RECEVOIR la Commission qu'il ne RECONNAISSAIT PAS. On a discuté l'objet pendant trois quarts-d'heure; tous Messieurs les Commissaires ont donné de fortes raisons, ils se sont retirés, en prévenant M. de la Luzerne de la démarche qu'ils allaient faire, de remettre à tous les Membres du Conseil-d'Etat, une copie de la Lettre destinée au Roi ; M. de la Luzerne a assuré qu'il allait, à l'instant, la présenter à Sa Majesté. En sortant de chez lui, Messieurs les Commissaires ont été se faire écrire chez tous les Ministres, & remettre à leur porte une Lettre circulaire, copiée ci-dessus, à laquelle était jointe une copie de la Lettre au Roi. Il a été arrêté au Comité, qu'il serait envoyé des copies de la Lettre à SA MAJESTÉ, à MONSIEUR Frère du Roi, à M. LE COMTE D'ARTOIS, & que M. le Marquis de Gouy se chargerait de joindre à ces copies, une Lettre d'envoi & de respect pour ces Princes.

RÉSOLU de plus, qu'il sera écrit à M. LE DUC D'ORLÉANS, premier Prince du Sang, pour lui demander une audience particulière; que M. le Duc de Praslin, & M. le Marquis de Gouy, se rendront près de Son Altesse, comme Députés de la Commission, lui remettront une copie de la Lettre au Roi, & la prieront, comme Colon de Saint-Domingue, de se joindre à nos Compatriotes d'Amérique & de France, pour le bien de la Commune.

Après un examen des Pouvoirs, généraux & particuliers, que nous ont envoyés nos Frères de Saint-Domingue, que leurs Lettres particulières ont étendus, & de ceux que nos Frères du Continent y ont ajouté ;

RÉSOLU

RÉSOLU qu'il eſt indiſpenſable, ainſi qu'il avait été prévu dans la Colonie, de raccourcir la Lettre qui avait été primitivement deſtinée pour le Roi, & en en conſervant les maſſes, & toutes les baſes, d'y faire quelques modifications que les circonſtances exigent, & auxquelles nous ſommes autoriſés, puiſque c'eſt le ſeul moyen de parvenir au but qui nous a été indiqué par nos Conſtituans ; qu'en conſéquence, M. le Marquis de Gouy voudra bien ſe charger de faire ce travail, ſans délai, pour être en état de le communiquer au Miniſtre, s'il l'exige ; voire même au Roi, & aux Etats-Généraux eux-mêmes, en tems & lieux.

RÉSOLU, qu'il eſt inſtant de calmer la juſte impatience de nos chers Compatriotes ; qu'en conſéquence M. le Comte de Reynaud & M. le Marquis de Paroy, à qui ils s'étaient adreſſés, ſeront priés de leur écrire, ſans aucun délai, une Lettre inſtructive & tranquilliſante ; que cette Lettre ſera le complément de leur correſpondance particulière avec eux, puiſque leurs pouvoirs étant venus ſe confondre dans ceux de la Commiſſion, ce ſera déſormais le COMITÉ COLONIAL DE FRANCE, qui communiquera directement avec le COMITÉ COLONIAL DE SAINT-DOMINGUE.

RÉSOLU de plus, qu'attendu l'extrême importance, pour le bien de la Commune, que nos efforts & ceux de nos Frères d'outre-mer, ſe réuniſſent contre les mêmes obstacles, rien ne peut plus efficacement procurer cette mesure, que de leur donner une connaissance exacte de tout ce que nous avons fait ici ; qu'en conséquence, M. le Marquis de Gouy sera prié de rédiger incessamment le journal historique de tout ce qui concerne les opérations de la Commission ; que dans ce récit, seront intercallées celles des pièces à l'appui dont la connaissance peut être importante à nos Constituans.

Que cet ouvrage & le précédent seront imprimés, AU DESIR de nos Compatriotes, pour être adressés au Comité Colonial de Saint-Domingue, qui les publiera, s'il le juge utile à nos desseins communs. RÉSOLU encore, que comme il serait possible que la Cour ne pouvant se refuser à la juste demande faite par les Colons, d'envoyer leurs Députés aux Etats, cherchât à conserver son influence sur ces Députés, par la manière dont elle prescrirait de procéder à leur élection ; il est de notre devoir de prémunir nos Frères contre les dangers d'une représentation, qui ne serait pas l'effet du vœu bien libre de la Colonie ; qu'en conséquence, sur des notes fournies par le Comité, un Jurisconsulte sera chargé de rédiger un plan de Convocation de l'Assemblée Nationale de Saint-Domingue ; que ce plan sera revu par Nous, & qu'il sera imprimé & expédié pour la Colonie, afin que nos Concitoyens puissent s'y conformer, si bon leur semble, & que dans tous les cas, il les éclaire sur leurs vrais intérêts.

Résolu, que M. le Marquis Du Chilleau ayant témoigné hier, à M. le Marquis de Gouy, le desir qu'il avait d'être instruit de ce qui se passerait chez le Ministre, il lui serait écrit, avec notre franchise ordinaire, pour lui faire part de notre conférence, & de nos dispositions, sans pourtant aucun détail.

M. le Marquis de Gouy, qui a fait jusqu'ici toutes les fonctions de Rapporteur du Bureau, y ayant consacré son tems & celui de trois Secrétaires qui lui appartiennent personnellement, & qu'il ne pourrait pas enlever plus long-tems à d'autres affaires dont il est chargé, a été autorisé à prendre un & même deux ou trois Commis, à son choix, pour le service de la Commission, & pour les affaires de la Colonie, & à leur attribuer tel traitement qu'il jugera convenable.

Le Comité prochain a été ajourné à Mardi 9 du courant, & aura lieu chez M. le Duc de Praslin.

M. le Marquis de Gouy, tenant la plume, a rédigé le présent Procès-verbal, & en a fait lecture à ses Collègues, qui l'ont signé.

Fait en Comité à Paris, le 4 Septembre 1788.

Signé Le Duc de Choiseul-Praslin, Le Marquis de Gouy-d'Arsy, Le Duc de Cereste-Brancas,

Le Comte DE REYNAUD, DE PEYRAC, Le Comte DE MAGALLON, Le Marquis DE PAROY, Le Chevalier DOUGÉ, Le Marquis DE PERRIGNY.

Le lendemain 5 Septembre, M. le Marquis de Gouy-d'Arſy, au deſir de l'arrêté de la veille, écrivit à MONSIEUR Frère du Roi, la lettre ſuivante.

Paris, le 4 *Septembre* 1788.

MONSEIGNEUR,

LES Commiſſaires de la Colonie de Saint-Domingue, ſont expreſſément chargés de mettre ſous les yeux de MONSIEUR, la demande qu'ils ont adreſſée à Sa Majeſté, pour obtenir de ſa juſtice la permiſſion de faire repréſenter la Colonie, par ſes DÉPUTÉS, aux Etats-Généraux du Royaume.

Cette Commiſſion nous eſt bien précieuſe, puiſqu'elle nous met à même de confondre nos hommages, dans la foule de ceux qu'une grande Province met aux pieds de MONSIEUR.

Nous ſommes avec reſpect,

Monſeigneur,

De Votre Alteſſe Royale,

Les très-humbles, très-obéiſſans & très-ſoumis Serviteurs:

Signé Le Duc DE CHOISEUL-PRASLIN, Le Marquis DE GOUY-D'ARSY, Le Duc DE CERESTE-BRANCAS, Le Comte DE REYNAUD, DE PEYRAC, Le Comte DE MAGALLON, Le Marquis DE PAROY, Le Chevalier DOUGÉ, Le Marquis DE PERRIGNY.

Il écrivit sur-le-champ à M. le Comte d'Artois ce qui suit :

Paris le 4 Septembre 1788.

MONSEIGNEUR,

LA Colonie de Saint-Domingue, en nous confiant ses Pouvoirs, nous a imposé la Loi de présenter, à VOTRE ALTESSE ROYALE, le vœu qu'elle a exprimé à Sa Majesté, d'être représentée par ses Députés dans les Etats-Généraux.

En nous conformant aux Instructions de nos Commettans, nous croyons, Monseigneur, ne suivre que l'impulsion de nos cœurs.

Nous sommes avec respect,

Monseigneur,

De Votre Altesse Royale,

Les très-humbles, très-obéissans & très-soumis Serviteurs,

Signé Le Duc DE CHOISEUL-PRASLIN, Le Marquis

DE GOUY-D'ARSY, Le Duc DE CERESTE-BRANCAS, Le Comte DE REYNAUD, DE PEYRAC, Le Comte DE MAGALLON, Le Marquis DE PAROY, Le Chevalier DOUGÉ, Le Marquis DE PERRIGNY.

Cependant M. de Gouy avait fait mettre ſous preſſe la lettre au Roi, & tandis qu'il en ſuivait l'impreſſion, il crut devoir s'acquitter de la miſſion qui lui avait été donnée relativement à M. le Marquis Du Chilleau, auquel il écrivit une lettre conçue en ces termes :

Paris le 5 Septembre 1788.

Nous avons eu hier, Monſieur le Marquis, une audience de M. le Comte de la Luzerne, il nous a dit qu'il ne nous reconnaiſſait pas comme *Commiſſaires* de la Colonie, mais que *le Roi ſavait* qu'il devait nous recevoir. Nous lui avons préſenté la Lettre qui lui était deſtinée, ainſi que celle qui eſt adreſſée au Roi. Nous avons vu avec plaiſir qu'il avait été frappé de la force des raiſons que nous mettons ſous les yeux de Sa Majeſté ; il nous a aſſuré qu'il allait lui remettre cette Lettre à l'inſtant-même. Nous avons diſcuté pendant trois quarts-d'heures, avec lui, les intérêts de la Colonie. Sa façon de voir n'eſt pas tout-à-fait la nôtre, mais les raiſons ſur leſquelles il apuie ſes argumens, n'ont point ébranlé notre opinion. Nous nous y ſommes confirmés dans un très-long Comité, que nous avons tenu à notre retour de Verſailles.

J'oubliais de vous dire, que, d'après nos Inſtructions, nous avons été porter nous-mêmes, à tous les Miniſtres d'Etat, un exemplaire de notre Lettre au Roi, & que nous avons cru devoir prévenir de cette meſure M. le Comte de la Luzerne, qui ne s'y eſt point oppoſé. Nous avons arrêté hier d'en faire remettre des copies à MONSIEUR frère du Roi, & à M. le COMTE D'ARTOIS. Tel eſt, Monſieur le Marquis, le Journal exact de la COMMISSION. Elle m'a chargé de vous en rendre compte ; elle ſe flatte d'avoir ébranlé le Miniſtre, & elle compte ſur l'opinion où vous êtes, des droits de la Colonie, pour l'amener à nous donner la ſatisfatisfaction que mérite notre Patriotiſme.

Par quelle fatalité arriverait-il donc, que les Miniſtres s'oppoſaſſent toujours aux belles entrepriſes, & qu'ils ſe méfiaſſent de ceux qui les dirigent ?............ Belle leçon pour ceux qui ſont ſur la route pour arriver un jour à leur place !

Agréez, Monſieur le Marquis, l'hommage du Comité, & celui des ſentimens reſpectueux avec leſquels j'ai l'honneur d'être

Votre très-humble & très-obéiſſant Serviteur,

Signé Le Marquis de GOUY-D'ARSY.

Le *6* Septembre, M. le Marquis de Gouy-d'Arſy, écrivit à M. le Duc d'Orléans, ainſi qu'il avait été convenu.

Paris le 6 Septembre 1788.

MONSEIGNEUR,

LES Commiſſaires de la Colonie de Saint-Domingue, jaloux de vous offrir leurs hommages, ont chargé M. le Duc de Praſlin & moi d'en préſenter l'offrande à Votre Alteſſe Séréniſſime. Daignerez - vous, Monſeigneur, nous accorder un moment d'audience, pour mettre à vos pieds les vœux de la Colonie & ceux de la Commiſſion.

Je ſuis avec reſpect,

Monſeigneur,

De Votre Alteſſe Séréniſſime,

Le très-humble & très-obéiſſant Serviteur,

Signé Le Marquis DE GOUY-D'ARSY.

Le Prince répondit le même jour ce qui ſuit :

Paris le 6 Septembre 1788.

J'ai recu, Monſieur, la Lettre que vous m'avez écrite aujourd'hui, pour me témoigner que les Commissaires de la Colonie de Saint-Domingue desirent me voir : Je les recevrai très-volontiers, au Palais Royal, Mercredi ou Jeudi prochain, entre dix & onze heures du matin. Vous connaissez, Monsieur, les sentimens destime & d'amitié que j'ai pour vous.

Signé L. P. J. D'ORLÉANS.

Le mardi 9 Septembre, il y eut un très long Comité chez M. le Duc de Praslin. Vous jugerez, chers Compatriotes de son importance en lisant le plumitif suivant qui ne présente pourtant que le résultat de ce que huit personnes bien zélées pour vos intérêts, dirent dans l'espace de cinq heures de tems.

EXTRAIT DU PROCÈS-VERBAL du huitième Comité, tenu par Messieurs les Commissaires de la Colonie de Saint-Domingue, le 9 Septembre 1788.

CEJOURD'HUI neuf Septembre 1788, en l'absence de M. le Duc de Cereste, Messieurs le Duc de Praslin, le Comte de Reynaud, le Marquis de Perrigny, le Chevalier Dougé, de Peyrac, le Marquis de Paroy, le Comte de Magallon, & le Marquis de Gouy-d'Arsy, se sont assemblés.

M. le Marquis de Gouy a fait lecture du Procès-verbal

du dernier Comité, tenu chez lui le 4 Septembre.

M. le Marquis de Gouy a fait lecture des Lettres qu'il a écrites à MONSIEUR Frère du Roi & à M. le COMTE D'ARTOIS, & qui doivent accompagner les copies de la Lettre au Roi, qu'on a arrêté d'envoyer à ces deux Princes ; ces deux Lettres à MONSIEUR, & à M. le Comte d'Artois, ont été aprouvées & signées.

M. le Marquis de Gouy a fait lecture de la Lettre qu'il a écrite à M. le Marquis Du Chilleau, d'après le vœu du dernier Comité, & dont copie est ci-dessus.

Il a rendu compte de la Lettre qu'il avoit écrite à M. le Duc d'Orléans, & a mis sur le Bureau la réponse que ce Prince lui a faite, de sa main, & par laquelle il donne rendez-vous pour Mercredi ou Jeudi, à leur choix, à M. le Duc de Praslin, & à M. le Marquis de Gouy-d'Arsy, Députés de la Commission.

Immédiatement après, M. de Peyrac a fait lecture d'observations, rédigées par lui, relativement à la détermination à prendre par la Commission, de suspendre ses démarches, ou de les continuer. Son écrit a été mis sur le Bureau, & sera ci-annexé. Il a été la matière d'une délibération très-sérieuse, que nous n'aurons garde de cacher à nos Frères, puisqu'en leur présentant des difficultés spécieuses que notre Vénérable Collègue a recueillies dans le monde, elle servira à les confirmer dans leur courageuſe opinion, en leur montrant combien ſont victorieux les argumens avec leſquels on repouſſe des allégations auſſi puériles. Suit la copie de l'Ecrit en queſtion :

M. de Peyrac dès qu'il a été queſtion de l'Aſſemblée des Etats-Généraux du Royaume, a penſé & perſiſté dans l'opinion où il a été que les Colonies faiſant par leur importance l'équivalant de pluſieurs Provinces du Royaume, devaient ſe préſenter pour demander au Roi la permiſſion d'y envoyer des Délégués ou Députés librement élus, qui fuſſent chargés de faire directement & ſans intermédiaires leurs repréſentations, & de défendre leurs intérêts dont vraiſemblablement il ſera queſtion dans cette auguſte Aſſemblée, en conſéquence & ſuivant ſa propre opinion, il a concouru, comme il eſt prêt à concourir aux démarches jugées convenables par gens plus éclairés que lui, propres à les conduire aux fins qu'ils ont en vue ; mais ſi d'un côté il eſt ſéduit par l'eſpérance des avantages que pourront retirer les Colonies de leur admiſſion à l'Aſſemblée des Etats-Généraux ; il ne peut diſſimuler qu'il n'ait été frappé de certaines obſervations qui lui ont été faites, & qui ſemblent s'accréditer dans l'eſprit de gens qu'il croit fort ſenſés, toutes tendantes à nous détourner de nos vues, ou au moins à en ſuſpendre l'activité juſqu'à plus mûr examen. Ainſi que moi, vous ſavez, Meſſieurs, que la Colonie de Saint-Domingue n'eſt point dans le cas d'être confondue avec les autres, qu'elle a des droits & prérogatives particulières dans lesquels elle doit souhaiter d'être maintenue, qu'elle n'a été ni acquise ni conquise par le Roi. Que les Flibustiers qui l'avaient conquise par leurs exploits de valeur, se sont volontairement donnés & mis sous la protection de la France. Que le Roi en acceptant leur soumission, leur a donné sa PAROLE ROYALE de les défendre, protéger, & soutenir dans leurs possessions, avec promesses formelles & toujours renouvellées, qu'ils s'imposeraient eux-mêmes librement suivant leurs besoins, & que jamais Traitans ne seraient admis ni établis dans la Colonie. Qu'en conséquence, & jusqu'en 1713, le Roi a toujours fourni les troupes, l'armement, l'artillerie & généralement tout ce qui concernait la défense de cette Colonie, sans rien exiger d'elle. Que pour la première fois, en 1713, le Roi dans la détresse où se trouvaient les finances du Royaume, demanda une espèce de tribut sous la dénomination de Don gratuit pour suppléer aux dépenses de la Colonie, qu'il voulut que les Habitans se taxassent eux-mêmes, & s'assemblassent pour en fixer la mesure, en raison de leurs facultés qui alors étaient médiocres. Qu'en conséquence les deux Conseils Supérieurs qui étaient les représentans de la Nation, parce qu'alors ces Tribunaux n'étaient composés que d'Habitans, rendant la Justice GRATIS, furent assemblés & accordèrent ce don gratuit. Que cinq ans après & successivement de cinq ans en cinq ans, même demande fut faite & toujours accordée sous la dénomination de Don gratuit, avec faculté aux Habitans assemblés d'asseoir ces impositions comme ils aviſeraient bon être, pourvu qu'elles atteigniſſent la ſomme demandée par le Roi.

PREMIERE OBJECTION.

N'eſt-il pas à craindre que les Etats-Généraux aſſemblés, ayant pour Collègues les Députés des Colonies qui prétendront aux mêmes bienfaits que les autres Provinces du Royaume, ne cherchent à ſapper les prérogatives & priviléges dont jouit la Colonie de Saint-Domingue?

DEUXIÈME OBJECTION.

N'eſt-il pas à craindre que s'étayant ſur la prétendue richeſſe de cette Colonie (quoique plus imaginaire que réelle) ils ne prétendent qu'elle doit être taxée pour venir au ſecours de l'Etat & aider à remplir le déficit des finances du Royaume?

N'eſt-il pas à craindre qu'ils propoſent l'établiſſement d'un timbre, & d'un contrôle dont la Colonie a été exemptée juſqu'à préſent?

TROISIÈME OBJECTION.

N'eſt-il pas à craindre qu'alléguant que l'on paie en France un centième denier des ſucceſſions collatérales, on ne propoſe un pareil impôt pour la Colonie?

Toutes ces conſidérations & pluſieurs autres de même nature demandent un examen ſérieux & bien approfondi, & M. Peyrac croit ne pouvoir mieux faire que de les mettre ſous vos yeux.

Quatrième Objection.

Il ajoute qu'il a rencontré en ſon chemin pluſieurs de nos Concitoyens, qui, lorſqu'il leur a demandé le concours de leurs ſignatures, l'ont refuſée, diſant qu'ici en France nous ne ſommes pas SUFFISAMMENT AUTORISÉS aux démarches que nous avons entamées; qu'il eſt poſſible qu'elles ne ſoient pas le vœu des Propriétaires réſidens dans la Colonie; qu'il eſt poſſible qu'ils nous DÉSAVOUENT, que même ils nous rendent RESPONSABLES DES ÉVÈNEMENS, s'ils ſont contraires à leurs intérêts, ou au bien de la Colonie; qu'ainſi ils croyent plus ſage & plus prudent, de mûrement examiner le tout, & d'attendre ce qui réſultera des délibérations qui pourront être priſes à Saint-Domingue, & envoyées en France, d'où il réſultera que dans aucuns cas nous ne pourrons être compromis.

M. Peyrac ſe réunirait aſſez volontiers à cet avis, & néanmoins il concourra à tout ce que vous, Meſſieurs, plus éclairés que lui, eſtimerez pour le mieux.

Ce 9 Septembre 1788. *Signé* PEYRAC.

A cet écrit, qui raſſemble tout ce que les ames puſillanimes, & les ennemis de tout bien cherchent à répandre contre nous, Meſſieurs les Commiſſaires opinant, par ordre, ont fait aux quatre Objections recueillies par M. Peyrac, les réponſes les plus fortes, que M. le Marquis de Gouy, opinant le dernier, a réſumées à peu près dans les termes ſuivans :

Réponse a la première Objection.

Il n'eſt point à craindre que les Etats-Généraux cherchent à ſapper les priviléges de la Colonie de Saint-Domingue ; car les Etats-Généraux ne ſont autre choſe que la réunion de toutes les Provinces, & il feroit abſurde de penſer que les Provinces ne ſe réuniſſent que pour s'enlever réciproquement ce qu'elles ont tant d'intérêt à conſerver. Il n'eſt point à craindre non plus, que les Etats cherchent à diminuer les prérogatives de la Colonie, ſi ces prérogatives ſont telles qu'elles favoriſent le Commerce de cette Iſle importante, & que de l'étendue de ſon Commerce réſulte une plus grande maſſe de richeſſes pour la Métropole; une circulation plus rapide, & d'autres avantages incalculables ; mais pour prouver que les prérogatives de la Colonie procurent ces avantages à la Métropole, il faut qu'il ſe trouve, dans l'Aſſemblée des Etats-Généraux, des Députés inſtruits & éloquens, propres à développer ces vérités, & à les préſenter à la Nation, ſous des rapports inconteſtables. Donc la Colonie doit pour la conſervation de ſes priviléges, ne négliger aucune meſure pour obtenir d'envoyer ſes Repréſentans aux Etats.

Réponse a la deuxième Objection.

Il ſerait à craindre, que les Etats-Généraux, s'étayant

ſur la prétendue richeſſe de Saint-Domingue, la taxaſſent pour ſubvenir au déficit des Finances, s'il ne ſe trouvait pas dans l'Aſſemblée des DÉPUTÉS capables de parler en ſa faveur ; mais ſi la Colonie a ſes Repréſentans aux Etats, ils n'auront pas de peine à prouver que l'unique ſource des richeſſes de leur Iſle, eſt ſa culture ; que la culture ne proſpère, qu'en raiſon directe, des avantages qu'y trouve le Cultivateur. Que le Cultivateur aura d'autant moins d'avantages, que les taxes ſeront plus onéreuſes ; que la culture ſera d'autant moindre que l'impôt ſera plus fort ; que les richeſſes diminueront en proportion ; que le Colon abandonnera bientôt un ſol brûlant qu'il n'aura plus d'intérêt à féconder ; qu'auſſi-tôt le commerce tombera, la Marine déclinera, l'induſtrie de la Métropole s'anéantira, ſa population diminuera, & qu'elle perdra tout pour avoir cru qu'elle allait gagner un peu. Voilà ce que des DÉPUTÉS démontreront, voilà ce qui empêchera de taxer les Colonies. Voilà DONC ce qui doit les engager à ne négliger aucune meſure pour obtenir d'envoyer leurs Repréſentans aux Etats.

RÉPONSE A LA TROISIÈME OBJECTION.

IL ſerait à craindre, qu'une voix indiſcrète, s'élevant dans les Etats, & alléguant le centième denier, ou autres impôts payés en France, on ne voulût établir

ces

ces mêmes impôts dans la Colonie, s'il ne se trouvait pas dans l'Assemblée, des Députés en état de discuter ses intérêts ; mais si Saint-Domingue a des Représentans dignes d'elle, il ne leur sera pas difficile de démontrer, que l'on ne saurait assimiler les impositions, quand il y a tant de différence entre le climat, le sol, les productions, la culture, les usages. Ils prouveront aisément, d'ailleurs, que toute cette litanie d'impôts, que le génie fiscal a procréé pour sucer en détail la substance des Peuples, sont tous bien amplement compensés, par la seule prohibition imposée aux Colonies, de vendre leurs denrées à d'autres qu'à la Métropole, & de tirer ses approvisionnemens d'autre part que de la Mère-Patrie. Cet impôt indirect est le plus juste, peut-être, mais il est le plus terrible de tous les impôts, il produit plus à lui seul que les vingtièmes, 2 sols pour livre, capitation, taille, taillons, centième denier, &c........ Bien développé, il effrayera par son étendue la Nation elle-même, qui ne concevra pas que le Colon puisse prospérer sous une Loi si dure, qui respectera le peu que cette Loi lui laisse, & qui rougirait d'augmenter, par la taxe la plus legère, le fardeau déja si pesant qui lui a été imposé ; or, tout cela ne sera point démontré sans Députés. Donc les Colonies doivent tout entreprendre pour obtenir d'envoyer leurs Représentans aux Etats.

Réponse a la quatrième Objection.

Cette objection eſt ſi foible qu'il eſt preſque ſuperflu d'y répondre. Analiſée, elle ne contient que des mots vuides de ſens qui ne ſauraient ébranler un homme ferme quand de grandes vérités ſe ſont développées à ſon jugement... Nous ne sommes pas autorisés !... Eh ! qu'en ſavent-ils, ceux qui le diſent ? ont-ils vu nos pouvoirs, ont-ils reçu les vœux des Propriétaires réſidens dans la Colonie ?..... Il est possible qu'ils nous désavouent !........... Sur quoi les ſuppoſez-vous capables d'une ſemblable inconſéquence ? Avons-nous fait autre choſe que de ſuivre leurs Inſtructions, que de nous pénétrer de leurs intentions, que de faire pour eux ce que nous voudrions qu'ils euſſent fait pour nous ?............ Ils nous rendront responsables des évènemens !........ Et vous croyez de bonne foi, que cette menace nous fera reculer toute dangereuſe qu'elle eſt ?............ Déſabuſez-vous, elle ne tend à rien moins pourtant qu'à diviſer ce qui eſt uni, qu'à ſemer la méfiance entre Nous de Saint-Domingue, & Nous du Continent, qu'à enlever aux Inſulaires tout moyen de pénétrer ici, qu'à nous priver à jamais du plaiſir de leur être utile. En effet, il n'eſt point de cas, où l'on ne pût craindre ou de n'être pas autorisé ſuffiſamment, ou d'être DÉSAVOUÉ. Mais de tels propos ne pénètreront point jusqu'à nos cœurs ; ils dessécheraient le Patriotisme jusques dans sa source ?

Comme donc, toutes nos démarches ne tendront qu'à obtenir le redressement des griefs de nos Compatriotes, en sollicitant pour eux la place où doivent siéger leurs Défenseurs dans le Grand-Conseil de la Nation, nous ne serons jamais compromis, & leur sanction sera notre récompense.

Après des réponses aussi triomphantes, les voix ont été recueillies, & il en a résulté unanimement, que les Commissaires, fidèles à leurs Constituans & à leur conscience, poursuivraient par tous les moyens possibles, l'obtention de la justice qu'ils demandent au Roi, de faire représenter la Colonie aux Etats-Généraux ; qu'il serait écrit aux Colons de Saint-Domingue & à ceux du Continent, & qu'on ne se laisserait abattre par AUCUN OBSTACLE.

C'est à ce moment, que M. le Marquis de Perrigny, se levant avec Patriotisme a cru devoir faire la motion suivante :

Que tous MM. les Commissaires se lient ensemble, sous le serment de leur parole d'honneur, de ne se point séparer, & de réunir tous leurs efforts en toutes occasions, pour le succès commun.

Cette motion a été accueillie avec enthousiasme, &

tous les Commiſſaires ſe ſont imposé, ſous les liens irréfragables de l'honneur, la Loi de ne point ſe déſunir, & de garder le plus grand ſecret ſur toutes leurs délibérations particulières.

M. le Marquis de Gouy-d'Arſy, chargé par le dernier Comité, de rédiger la Lettre que les Colons de Saint-Domingue ont écrite au Roi, & en adoptant leurs baſes, de la modifier ſuivant les circonſtances, au deſir des pouvoirs envoyés à M. le Marquis de Paroy & à M. le Comte de Reynaud, a fait lecture de cette Lettre, dont copie ſuivra le préſent Procès-verbal.

Il a été réſolu, que cette Lettre contenait réellement, d'une manière ſeulement plus préciſe & plus forte, les véritables intentions de la Colonie, & que les pouvoirs qui y étaient clairement exprimés, étaient le ſeul moyen de parvenir au but deſiré par les Colons, d'obtenir des Aſſemblées Provinciales, Coloniales, & le redreſſement de leurs griefs. Qu'en conſéquence, cette Lettre ſerait montrée aux Miniſtres & aux Etats-Généraux dans le cas où ils exigeraient l'exhibition des pouvoirs envoyés par la Colonie, & que cependant & en attendant, il ſerait expédié aux Comités des Colons, réſidens à Saint-Domingue, pluſieurs exemplaires de ladite Lettre, pour que ſurabondamment elle ſoit ratifiée par eux, telle qu'elle a été rédigée par M. le Marquis de Gouy, & approuvée par ses Collègues.

M. le Comte de Reynaud a lu une compilation très-savante de toutes les Assemblées faites à Saint-Domingue, depuis l'origine de la Colonie, & suivie d'un Plan de Convocation des Colons, le meilleur sans doute, pour que le vœu véritable & réel de la Colonie, se manifeste en faveur des Députés qu'ils croiront devoir élire pour leurs Représentans, en ce que ce Plan écarte les personnes appointées par la Cour. Ce Plan a été agréé, il sera rédigé par un Jurisconsulte, & il sera envoyé aux Comités de Saint-Domingue, pour prémunir nos Concitoyens contre les insinuations du Ministère, & les éclairer sur leurs véritables intérêts, & sur la forme qui semble préférable pour assurer la liberté des suffrages.

M. le Marquis de Gouy a remis au Comité la dernière épreuve de la Lettre au Roi rédigée par lui, présentée à M. de la Luzerne, le 4 du courant, & qu'il avoit été chargé de faire imprimer. On a approuvé cette épreuve, & il a été arrêté que ladite Lettre serait mise en distribution dès que le tirage en sera fait ; il a été fixé à quatre mille Exemplaires, dont mille seront envoyés à Saint-Domingue.

M. le Marquis de Gouy a rendu compte, que, suivant l'autorisation à lui donnée par le dernier

Comité, il avait arrêté un Secrétaire pour le service de la Colonie & de la Commiſſion ; il n'a pas encore cru devoir en arrêter un ſecond.

Meſſieurs de Reynaud & de Paroy ont déclaré avoir écrit, ſigné tous deux, & fait partir pour Saint-Domingue une Lettre particulière à leurs Conſtituans, comme il avait été convenu au dernier Comité.

M. le Marquis de Gouy a été chargé de travailler, le plutôt poſſible, à la rédaction de l'extrait hiſtorique de tout le travail de la Commiſſion pour le communiquer au Comité, le faire imprimer, & l'envoyer au plutôt à Saint-Domingue, avec le Plan de Convocation, propoſé par M. le Comte de Reynaud.

Il a été réſolu, que deux Commiſſaires iraient demander, à M. le Comte de la Luzerne, la réponſe que Sa Majeſté a daigné faire à leur Lettre, & MM. le Marquis de Paroy, & le Marquis de Gouy, ont été nommés à cet effet.

M. le Comte de Reynaud a denoncé à la Commiſſion un ouvrage intitulé : Réflexions ſur l'Eſclavage des Nègres, par un ſoi-diſant M. Schwartz. Cette Brochure eſt extrêmement dangereuſe pour l'autorité & la vie des habitans des Colonies. Il a été arrêté qu'il en ſerait référé à M. le Comte de la Luzerne, pour reconnaître ſes intentions & en rendre compte au Comité. On rappellera au Miniſtre une Lettre que M. Beudet lui a écrite à ce ſujet.

Le prochain Comité a été fixé à Lundi, 15 du courant, & se tiendra chez M. le Marquis de Gouyd'Arsy.

M. le Marquis de Gouy, tenant la plume, a rédigé le présent Procès-verbal, & en a fait la lecture à ses Collègues, qui l'ont signé.

Fait à Paris, en Comité, le 9 Septembre 1788.

Signé Le Duc DE CHOISEUL-PRASLIN, Le Marquis DE GOUY-D'ARSY, Le Comte DE REYNAUD, DE PEYRAC, Le Comte DE MAGALLON, Le Marquis DE PAROY, Le Cheval. DOUGÉ, Le Marq. DE PERRIGNY.

Nous n'avons point voulu, chers Compatriotes, interrompre la rédaction du procès-verbal que vous venez de lire, pour vous donner connaissance de la lettre que M. le Marquis de Gouy a rédigée d'après la vôtre, lisez-la avec attention, nous vous en prions, & voyez s'il n'a pas saisi toutes vos idées, & s'il n'a pas dans le moindre espace possible rempli toutes vos vues.

LETTRE des Colons résidens à Saint-Domingue,

AU ROI.

En date du 31 Mai 1788.

SIRE,

VOTRE MAJESTÉ s'est montrée jusqu'ici trop attentive à procurer le bonheur de ses Peuples, pour que ceux d'entre eux qui ſont le plus éloignés d'Elle, ayent éprouvé la plus légère ſurpriſe en apprenant la réſolution qu'Elle avait manifeſtée de s'entourer de ſes Sujets, pour opérer une reſtauration que les circonſtances ſemblaient rendre néceſſaire, & dont le ſuccès dépend en entier des bons vouloirs du Souverain, & de l'amour de la Nation.

Mais ſi l'étonnement n'a pas frappé nos eſprits, la reconnaiſſance la plus vive a rempli nos cœurs, & c'eſt un beſoin pour nous, SIRE, d'en mettre l'expreſſion aux pieds de VOTRE MAJESTÉ : puiſſent les bénédictions de la Providence récompenſer pendant un long Règne, l'idée paternelle que votre ame a conçue ! puiſſe l'amour de vos Sujets dans les deux Mondes, vous dédommager de tous les ſoucis qui environnent le Trône ! puiſſe la poſtérité, en recueillant les fruits de ce bienfait, conſacrer à jamais le nom de ce Monarque populaire qui a voulu jouir d'un bonheur que n'ont point goûté ſes deux auguſtes Prédéceſſeurs, pendant les deux plus longs Règnes de la Monarchie !

Vous allez donc, SIRE, appeller toute la France auprès de vous : déjà la trompette ſonne ; déjà ſon cri perçant a traverſé les mers : déjà il s'eſt fait entendre à nos cœurs, & déjà nos cœurs ſont à vos pieds.

Cet empreſſement ne ſaurait déplaire à VOTRE MAJESTÉ ; peut-être eſt-il contraire à l'uſage des

Cours ; mais depuis cent cinquante ans, nous vivons loin d'elles, nous en ignorons le langage & les détours ; nous ne ſavons qu'une choſe, c'eſt que nous ſommes Français, qu'à ce titre nous adorons notre Maître ; & lorſqu'il convoque les Français, nous gémiſſons que l'Océan nous empêche d'arriver les premiers ſur les degrés de ſon Trône.

Cependant, SIRE, nous arriverons, car VOTRE MAJESTÉ ne peut pas plus ſe paſſer de nous, que nous ne pouvons nous paſſer d'Elle : nous ſommes ſes Enfans, notre état eſt inconteſtable, notre caractère indélébile ; mais nous n'avons pas vu notre Père, depuis notre naiſſance, & ſans les fréquens rapports qui ont exiſté entre lui & nous, à peine pourrait-il nous reconnaître.

Alors, SIRE, nous étions faibles, languiſſans, nous avions la maladie de l'enfance, nous étions abandonnés à nos propres forces & à la Nature : aujourd'hui nous ſommes forts, vigoureux, nous avons la ſanté de l'adoleſcence, la Mère-Patrie charmée de nos efforts, nous a prodigué ſes ſecours, & la Nature a emprunté ceux de l'art.

Les réſultats les plus heureux ont été la ſuite de ces rapports. La Colonie de Saint-Domingue eſt devenue la plus précieuſe Province de France. Sans être à charge à la population de la Métropole, elle a trouvé le ſecret pour doubler ſes jouiſſances & augmenter les revenus du Monarque, de défricher un ſecond Royaume ; elle a appellé l'Afrique à ſon ſecours, & elle a forcé l'admiration de l'Univers, en lui montrant que cinq mille Planteurs Français étaient capables à eux ſeuls de cultiver DEUX CENTS LIEUES de côtes, de former des MILLIERS de matelots, de vivifier le COMMERCE, & de faire circuler plus de DEUX CENTS MILLIONS chaque année d'un pôle à l'autre.

Ce ſont là, SIRE, nos ſuccès & notre gloire. Nous les mettons aux pieds de votre Trône, & nous ſupplions VOTRE MAJESTÉ de nous aider à en doubler l'avantage & l'éclat. Depuis long-tems nous avions formé ce projet important. Mais ſéparés par les mers, & plus encore quelquefois par l'autorité, nous ne ſavions comment faire entendre les réclamations de notre longue expérience pour le bien de la Commune. Cependant le moment preſſait, & nous avions bien des choſes à dire à VOTRE MAJESTÉ :

Nous voulions lui repréſenter que toute la force d'une Colonie & ſon utilité pour la Métropole, réſident dans ſes richeſſes ; que les richeſſes viennent de la perfection de la culture ; que la culture ne peut ſe perfectionner que dans le calme & la ſécurité ; que la ſécurité ne ſe trouve qu'à l'abri des Loix ; que la Loi ne peut protéger que ceux qui s'adreſſent à ſes organes ; que les organes de la Loi ſont des Magiſtrats éclairés ; que là où il n'y a point de Magiſtrats, la Loi devient muette, ſa protection nulle, le déſordre affreux, que la culture ſe néglige, que les richeſſes ſont bientôt abſorbées ; que toute aſſociation d'hommes a donc un beſoin réel de Juges intègres qui puiſſent à chaque inſtant entretenir parmi eux, ſans embarras, ni frais, L'ORDRE ſur lequel repoſe la félicité publique ; que cet avantage que goûtaient jadis vos Colons eſt perdu pour eux, depuis que leurs Magiſtrats, les Patriarches de la famille Coloniale ſont diſperſés ; depuis qu'un ſeul Tribunal, évoque à lui toutes les Cauſes d'un grand Empire ; & force tous les Propriétaires à quitter leurs Manufactures, leurs eſclaves, leurs femmes, leurs enfans, leur Commerce, pour entreprendre par mer ou par terre, aux riſques des tempêtes d'un élément furieux, ou des ardeurs d'un ſoleil brûlant, des voyages périlleux qui ruinent à la fois la fortune & la ſanté des malheureux qui ont une propriété à défendre ; que de ce Règlement fait dans de bonnes vûes, ſans doute, il a réſulté des malheurs affreux, des pertes irréparables, des vexations inouies ; que pas une voix ne s'eſt élevée en ſa faveur, que toutes le condamnent à l'uniſſon, & que l'éloignement des Magiſtrats deſtinés à faire fleurir la paix, eſt une vraie calamité pour le Peuple. Et que dirait VOTRE MA-

JESTÉ d'un Commandant de Province, qui, pour entretenir le bon ordre dans la Ville de sa résidence, enverrait ses troupes à quatre-vingt lieues de lui.

Nous voulions représenter à VOTRE MAJESTÉ que la Population, la Culture, le Commerce de Saint-Domingue portés à un point d'accroissement qu'il eût été impossible de prévoir, rendant les affaires plus communes, & les discussions plus fréquentes, il devenait indispensable, non pas seulement de laisser subsister le Conseil du Port-au-Prince que Louis XIV donna à la Colonie naissante, non pas seulement de rétablir le Conseil du Cap que ce même Prince accorda à la Colonie croissante, mais encore de créer aux Cayes Saint-Louis un troisième Conseil que le besoin des Habitans y appelle tous les jours : que ce troisième Conseil, pouvant, ainsi que les deux autres, devant même, pour le bien de la Colonie, n'être composé que de Propriétaires aisés, non stipendiés, servant par honneur, recrutés sans cesse par le patriotisme, il n'en coûterait rien au Gouvernement, il n'en coûterait rien aux Colons. Leurs Causes discutées sans intérêt, seraient jugées sans passion, & cet établissement serait le bienfait de VOTRE MAJESTÉ, le plus précieux pour nous, sans doute, puisqu'il comblerait nos vœux, sans augmenter les charges de l'Etat.

Nous voulions représenter à VOTRE MAJESTÉ,

que depuis 50 ans la Colonie de Saint-Domingue a été assez malheureuse pour avoir été gouvernée par 24 Gouverneurs, & par 16 Intendans, les uns après les autres : que la plupart d'entre eux en arrivant, ne connaissait rien au Gouvernement de l'Isle, à sa culture, à ses usages, que chacun d'eux a été rappellé au moment où il commençait à être instruit; qu'avant de l'être, chacun d'eux avait ordinairement supprimé toutes les institutions de ses prédécesseurs : que de ce changement perpétuel de système, il en avait résulté tant de maux, que l'existence de la Colonie était une espèce de problême : que le seul moyen de remédier à cet inconvénient, vice radical, qui s'oppose à la prospérité des habitans, & au plus grand bien de la Métropole, était d'établir à Saint-Domingue des Assemblées Provinciales permanentes, & des Assemblées Coloniales périodiques, composées les unes & les autres de Propriétaires choisis librement par les Colons, & non de Magistrats & de Commandans de Quartier appointés par la Cour; que dans ces Assemblées qui n'auraient point de pouvoir exécutif, mais qui connaîtraient à fond les intérêts de la Colonie, un Gouverneur & un Intendant trouveraient en débarquant, des Conseillers éclairés, intègres, des avis salutaires, celui sur-tout de s'en tenir à un système suivi, établi dès long-tems pour le bien de tous, celui de rien innover que pour le mieux, & que de cet Etabliſſement réſulteraient des lumières qui ne permettraient plus aux Adminiſtrateurs, lorſqu'ils auraient vexé la Colonie pendant leur geſtion, de dire : *ce n'eſt pas ma faute, je n'étais pas inſtruit.*

Nous voulions faire repréſenter tout cela à VOTRE MAJESTÉ, & encore bien d'autres choſes dont pas une ne tend à diminuer l'autorité de ſes Officiers que nous béniſſons quand ils n'en uſent que ſuivant le cœur du Roi : nous nous flattions qu'elle aurait accueilli avec bonté ces ſupplications faites avec reſpect; déjà nous les avions rédigées & expédiées en France, lorſque la grande nouvelle de la PROCHAINE ASSEMBLÉE DES ETATS-GÉNÉRAUX a paſſé juſqu'à nous.

Alors, SIRE, un cri unanime s'eſt élevé; nous avons dit: notre Père a deviné nos maux, il a ſenti que ni la ſurveillance de ſes auguſtes Prédéceſſeurs, ni ſa propre vigilance, n'avaient pu, pendant un ſiècle & demi, prévenir tous les abus, ou en extirper les racines; qu'après un tel laps de tems, il falloit ſe voir, ſe parler, s'entendre; que ſans cette meſure toute reſtauration était impoſſible, & il veut être le Reſtaurateur de la France.... Nous n'aurons donc plus beſoin de protection pour approcher de ſon Trône; il y invite lui-même toutes ſes Provinces. Nous nous y préſenterons comme la plus grande d'elles toutes, ſans contredit, comme la plus productive, ſans aucun doute, & nous diſputerons à aucune autre d'être plus fidèle que nous.

Ce cri a été celui du cœur, & c'eſt l'hommage le plus digne de VOTRE MAJESTÉ que nous puiſſions lui offrir. La réflexion a ſuccédé à ce premier élan de nos ames; nous avons obſervé que nous n'exiſtions pas encore lors de la dernière Aſſemblée des Etats-Généraux, & nous avons eu un moment d'inquiétude ſur la manière dont nous ſerions repréſentés à ceux qui vont s'ouvrir. VOTRE MAJESTÉ ne s'eſt point encore expliquée ſur ce point, & nous ſommes ſi loin d'Elle, que nous avons tremblé de ne point nous trouver en meſure avec les Provinces du Continent, lorſque notre amour nous ferait déſirer de les devancer toutes.

Dans cette poſition qui a tempéré notre allégreſſe, vos Colons de Saint-Domingue ont cru devoir ſe réunir; ils ſe ſont aſſemblés non ILLÉGALEMENT, puiſque toute aſſemblée eſt LICITE, quand ſon but eſt honnête, mais très-légalement, puiſque l'objet de cette réunion n'était autre que de demander à VOTRE MAJESTÉ la permiſſion de ſe réunir.

Là, nous avons tous ſenti que quel que fût notre prévoyance, l'Océan entre nous & le Trône était un obſtacle preſqu'invincible au ſuccès de nos démarches, que le ſeul moyen de les rendre utiles, était de faire diſparaître cet eſpace immenſe; & ce moyen, nous l'avons trouvé, SIRE, & ce moyen, nos cœurs l'ont ſaiſi:

De l'autre côté des mers, au ſein du Continent ſur lequel VOTRE MAJESTÉ règne, ſe trouve une partie de notre propre famille, un nombre conſidérable de nos frères, une moitié de nous-mêmes; les uns nés comme nous ſous le Tropique, ont voulu goûter les influences bienfaiſantes d'un climat plus tempéré; les autres ont voulu jouir tranquillement, dans la Capitale, du fruit de leurs travaux; les derniers enfin nés en France, ont voulu reſſerrer les nœuds qui nous uniſſent déjà à la Métropole; ils ont recherché notre alliance, ils ſe ſont chargés du bonheur de nos enfans, & ces gages précieux que nous leur avons confiés, ont tellement confondu les propriétés & les intérêts, que l'Amérique & l'Europe, Saint-Domingue & la France, peuvent mutuellement ſe dire avec vérité : *je ne ſais plus quel eſt le mien.*

Eh bien, SIRE, c'eſt à ces frères éloignés de nous, & qui ont le bonheur de vous entourer, que nous nous ſommes adreſſés avec toute la confiance qu'ils méritent. Le ſang créole coule dans leurs veines, ou dans celles de leurs enfans. Ils ont mêmes propriétés, mêmes intérêts, même attachement pour la Métropole & la Colonie, même amour pour VOTRE MAJESTÉ.... quels Repréſentans plus zèlés pouvions-nous choiſir ?

Nous

Nous leur avons dit, avec ce sentiment qui persuade : O ! vous qui avez le bonheur d'approcher souvent notre Père commun, vous qui savez à l'instant tout ce que sa bonté lui inspire pour le bonheur de son Peuple, vous qu'une mer immense n'empêche point de vous présenter chaque jour à ses yeux, volez vîte aux pieds de son Trône ; là, revêtus de vos propres droits pour lui parler en votre nom, & de tous nos pouvoirs, car NOUS VOUS LES DONNONS TOUS SANS RESTRICTION AUCUNE, dites-lui que ses Colons sont ses sujets les plus méritans & les plus fidèles, que nous aurons peut-être quelque jour des graces à lui demander, mais qu'aujourd'hui nous ne réclamons que sa justice, que nous sommes ses enfans ni plus ni moins que les Habitans de sa bonne Ville de Paris, & que nous le conjurons de nous assigner bien vîte la place que nous devons occuper dans l'Assemblée de la grande famille. N'oubliez pas de lui dire que nous ne connaissons pas ces trois divisions d'ordres observés dans le Continent. Que nous sommes tous égaux, mais que nous sommes tous soldats, tous les premiers défenseurs de notre Province, & par conséquent tous nobles ; qu'il n'est pas plus possible de nous placer dans l'ordre du Tiers, que dans celui du Clergé ; que Saint-Domingue est le plus beau Fief de l'Empire Français, & que ceux qui l'ont conquis, défriché, cultivé, fécondé, que ceux dont l'alliance n'a point été dédaignée par les premières Maisons de l'Etat, ne peuvent, ne doivent voter qu'au milieu de l'ordre de la Noblesse avec lequel ils ont tant d'actes communs. Dites-lui, sur-tout, que nous savons bien que la France a de grands besoins, & que cette raison seule nous eût déterminé à la démarche que nous faisons; que le sang Français n'a point dégénéré en Amérique, qu'il serait honteux pour nous de chercher à nous cacher, lorsque tout l'Empire vient au secours de lui-même; que nous commencerons par prouver que de toutes les Provinces, celles que l'on appelle Colonies, ont depuis le commencement du siècle, contribué le plus noblement aux besoins de l'Etat, & qu'après nous être glorifiés de ce désintéressement, & avoir soumis à la Nation assemblée la question de savoir s'il est de son intérêt que les Colonies payent à l'avenir autant qu'elles ont payé jusqu'à ce jour, nous ne reculerons jamais quand le Peuple Français tout entier, que nous devons regarder comme infaillible, aura dit: *ceci est la part que chacun doit au soulagement de la Patrie.*

Voilà, SIRE, ce que nous avons expressément chargé nos Frères, nos Compatriotes, de dire à VOTRE MAJESTÉ. Mais nous avons bien senti que mille Colons résidens dans la Capitale ou dans les Ports, ne pouvaient pas sans risque de confusion s'adresser tous ensemble à leur Souverain; nous leur avons enjoint de se réunir, & de nommer entre eux, parmi eux, des COMMISSAIRES, propres par leurs lumières & leur rang, à répondre à la mission flatteuse de REPRÉSENTER toute la Colonie. Nous conjurons VOTRE MAJESTÉ d'accueillir avec bonté ceux de ses Sujets qui, REVÊTUS DE TOUS LES POUVOIRS de Saint-Domingue, mettront à ses pieds les respects & les vœux de ce second Royaume. Plus heureux que nous, ils verront notre bon Maître, plus heureux que nous, ils recueilleront les paroles de bonté qui sortiront de sa bouche, & ils auront la satisfaction de nous en communiquer la douceur !

Ils se hâteront, SIRE, de nous faire passer vos ordres pour la convocation d'une Assemble Coloniale & libre qui nommera nos DÉPUTÉS aux Etats-Généraux. Il ne leur faudra pas plus de six mois pour vous rapporter cette nomination, & nous espérons qu'avant ce terme, VOTRE MAJESTÉ, n'aura pas encore réuni les Députés de toutes ses Provinces.

Cependant, SIRE, l'éloignement où nous sommes de la Métropole, nous ayant dès longtems forcé de mettre la prévoyance au nombre des vertus nécessaires, c'est dans une circonstance si importante, que nous devons la développer toute entière aux yeux de VOTRE MAJESTÉ.

S'il arrivait qu'elle jugeât à propos, dans sa sagesse,

d'avancer l'époque des Etats-Généraux, il ſerait également douloureux pour nous, SIRE, ou d'être un obſtacle à vos vûes bienfaiſantes, ou d'être privés d'un droit de préſence qui, peut-être même, rendrait l'Aſſemblée incomplette. Dans ce cas ſeul, NOUS REMETTONS TOUS NOS DROITS A L'ASSEMBLÉE GÉNÉRALE DE NOS FRÈRES RÉSIDENS EN FRANCE. Nous ſupplions VOTRE MAJESTÉ de les réunir, & nous déclarons d'avance, ſans préjudicier à nos droits, & ſans conſéquence pour l'avenir, que nous entendons, pour cette fois ſeulement, APPROUVER ET RATIFIER dans toute ſon étendue le choix qu'ils feront de DÉPUTÉS pour nous repréſenter à l'Aſſemblée Nationale; nous SANCTIONNONS de même les inſtructions qu'ils donneront à ces Repréſentans, auxquelles viendront ſe joindre celles que nous leur feront paſſer inceſſamment, & NOUS REGARDERONS COMME FAIT PAR NOUS-MÊMES, tout ce qu'ils auront fait & arrêté librement en face de la Nation & de ſon auguſte Chef.

Que rien donc ne ſuſpende déſormais les intentions patriotiques de VOTRE MAJESTÉ, qu'elle ſe livre au bonheur de ſe voir environnée d'un Peuple entier qui adore ſes Souverains, & qui n'oubliera jamais qu'il doit à LOUIS SEIZE le bienfait de ſa réunion: qu'elle écoute de ſes propres oreilles la voix de ce Peuple qui, depuis tant d'années, n'a pu ſe faire entendre. Qu'entourée de ſon auguſte Famille, des Pairs du Royaume & de ſes Miniſtres, elle pèſe dans ſa prudence les réclamations de ſes Sujets, qu'elle leur expoſe avec franchiſe les DETTES, les BESOINS de l'Etat, LES ABUS... qu'elle compte ſur ſes Français pour ſatisfaire aux deux premiers articles; qu'une ſévérité bienfaiſante ſe charge de réformer le dernier; que des Loix ſagement combinées avec les Capitulations, les Priviléges, les intérêts des différentes Provinces, préſentées à la Nation, ſanctionnées par ſes repréſentans, viennent mettre un ſceau irréfragable à la reſtauration de l'Empire, & rien ne pourra plus s'oppoſer à la proſpérité de la France, & les bienfaits de VOTRE MAJESTÉ ſe graveront dans tous les cœurs, & ſon nom ne ſe prononcera point ſans enthouſiaſme, & nous bénirons tous avec tranſport notre Père dans notre Légiſlateur.

Nous ſommes avec reſpect,

SIRE,

DE VOTRE MAJESTÉ,

Les très-humbles, très-obéiſſans

& très-fidèles Sujets.

Les propriétaires Planteurs de la Colonie de Saint-Domingue.

Telle eſt, chers Compatriotes, la manière dont nous avons rédigé la lettre que vous nous avez chargés de mettre ſous les yeux du Roi. Ce ſont vos baſes, vos maſſes, vos idées ; c'eſt votre ouvrage que vous euſſiez modifié comme nous l'avons fait, ſi vous euſſiez été comme nous à même de juger de la poſition des choſes & obligés de vous ſoumettre aux circonſtances. C'eſt enfin cette lettre que pour la bonne règle, vous voudrez bien nous renvoyer munie des ſignatures des principaux Membres de vos Comités repréſentans la partie du Nord, celle du Sud & celle de l'Oueſt. Cette précaution n'eſt que de pure ſurabondance ; mais il ſuffit qu'elle intéreſſe notre délicateſſe, pour être bien sûrs que vous ne vous y refuſerez pas.

Le mercredi 10 Septembre M. le Duc de Praſlin & M. le Marquis de Gouy ſe rendirent à l'Audience que leur avoit accordée M. le Duc d'Orléans. Ils paſsèrent trois quarts d'heure dans le Cabinet de Son Alteſſe ; le Prince ſe fit expliquer en détail toute la marche de l'affaire, prit lecture de la lettre au Roi, voulut voir nos pouvoirs, toutes les ſignatures de la Colonie, celles des Habitans réſidens en France, & y joignit la ſienne avec beaucoup de graces, ajoutant qu'il approuvait complètement & vos idées & vos demandes & nos démarches. Il nous permit même de le tenir au courant de tout ce qui ſe ferait d'eſſentiel à cet égard.

Le ſamedi 13 Septembre, M. le Marquis de Paroy & M. le Marquis de Gouy ſe rendirent à Verſailles. M. le Comte de la Luzerne leur donna une Audience particulière dont vous verrez le réſultat dans le plumitif du Comité qui ſe tint à ce ſujet le ſurlendemain chez M. de Gouy.

EXTRAIT DU PROCÈS-VERBAL du neuvième Comité, tenu par Meſſieurs les Commiſſaires de la Colonie de Saint-Domingue, le 15 Septembre 1788.

CEJOURD'HUI quinze Septembre 1788, en l'abſence de M. le Duc de Cereſte-Brancas, Meſſieurs le Duc de Praſlin, le Comte de Reynaud, le Marquis de Perrigny, le Chevalier Dougé, de Peyrac, le Marquis de Paroy, le Comte de Magallon, & le Marquis de Gouy-d'Arſy, ſe ſont aſſemblés.

M. le Marquis de Gouy a fait lecture du Procès-verbal du huitième Comité, tenu chez M. le Duc de Praslin, le 9 du courant.

M. le Marquis de Paroy, qui, d'après l'arrêté de ce Comité, avait été avant-hier à Versailles avec M. le Marquis de Gouy, pour voir M. le Comte de la Luzerne, & lui demander, au nom de la Commission, la réponse que le Roi avait bien voulu faire à notre Lettre du 31 Août, rendit compte de l'entrevue avec ce Ministre.

Il paroît que, dès le 4 Septembre, il remit à Sa Majesté la Lettre des Commissaires; qu'il fit de sa propre main le rapport de leur demande, qu'il lut ce rapport au Conseil le 11 du courant; & que pour des raisons qu'il n'a pas déduites, mais qui sont faciles à deviner, il n'a pas voulu dire aux Députés le prononcé du Roi, ni celui du Conseil-d'Etat, quelques instances qu'ils lui aient faites, quelques raisons qu'ils aient employées pour l'engager à rompre le silence.

Les Commissaires considérant que si Sa Majesté s'étoit rendue dans sa justice, aux vœux de Saint-Domingue, elle n'aurait eu aucune raison pour céler à ses fidèles Colons, une disposition qui n'eût été qu'une suite naturelle de l'invitation qu'elle a daigné faire à tous ses Sujets, par l'Arrêt de son Conseil du 5 *Juillet* dernier ;

Considérant de plus, que le mystère dont s'enveloppe le Ministre, ne saurait lui avoir été prescrit par le Souverain, qui ne prend jamais, sans doute, de détermination qu'il ne puisse avouer ; mais craignant avec quelque fondement, que ce secret Ministériel ne couvre, soit un refus total, qui serait apparemment accompagné d'ordres rigoureux aux Administrateurs, de s'opposer à toute Assemblée ; soit une permission d'élire des Députés, par une forme qui rendrait la Cour maitresse de l'élection, & par conséquent ne laisserait à la Colonie que le danger d'avoir des Représentans dévoués au Gouvernement ;

Ont résolu, qu'il n'y avait pas un instant à perdre pour faire passer à nos Frères d'outre-mer, les justes inquiétudes qui nous agitent : qu'en conséquence, M. le Marquis de Gouy seroit prié de travailler avec tout le zèle dont il est capable, à l'expédition de l'ouvrage qu'il a entrepris, c'est-à-dire de l'historique de toutes les démarches de la Commission, & des moyens à suivre par nos Compatriotes, pour atteindre le but qu'ils se sont proposés ; que M. le Comte de Reynaud seroit prié de presser le Mémoire qu'il s'est chargé de faire rédiger, sur l'importance dont l'entrée aux Etats doit être pour la Colonie, & sur la forme à obſerver pour déconcerter toutes les inſinuations de la Cour ; qu'enfin, l'impreſſion de ces deux ouvrages, & leur envoi à Saint-Domingue, ſeraient preſſés ſans relâche.

M. le Marquis de Gouy, jaloux de montrer à ſes Collègues, l'empreſſement qu'il met à s'acquitter des Commiſſions dont ils le chargent, a mis ſur le Bureau l'Ouvrage Hiſtorique qu'on avoit réſolu d'entreprendre dans le Comité du 4 du courant, & dont les deux premières Parties ſont déja terminées. Il en a fait lecture à Meſſieurs les Commiſſaires, qui lui en ont témoigné leur ſatisfaction, & l'ont exhorté à preſſer la dernière Partie.

M. le Comte de Reynaud a lu la Conſultation qu'il a fait faire par un Juriſconſulte, d'après l'arrêté du même Comité du 4 du courant. Elle a été trouvée très-ſage ; on a réſolu d'y faire quelques additions, dont on a indiqué les baſes à M. de Reynaud, qui s'eſt chargé de les tranſmettre à l'Auteur.

M. de Gouy a préſenté à MESSIEURS, la dernière épreuve de la Lettre des Commiſſaires au Roi. Réſolu qu'elle ſera miſe en diſtribution, demain, au nombre de 4000 Exemplaires, dont 2000 pour Paris, 1000 pour les Ports & la Province, & 1000 réſervés pour Saint-Domingue.

M. le Marquis de Paroy, qui s'était chargé de faire remettre à M. le Comte d'Artois, par M. le Comte de Vaudreuil, la Lettre adreſſée à ſon Alteſſe Royale, & la copie de celle préſentée au Roi, a lu une Epître de M. de Vaudreuil, qui expoſe la manière ſatisfaiſante pour la Colonie, & pour la Commiſſion, dont ce Prince a accueilli cet hommage.

M. le Duc de Praſlin & M. le Marquis de Gouy, qui avaient été Députés, le 4 & le 9, pour aller chez M. le Duc d'Orléans, ont rendu compte de leur miſſion. Son Alteſſe Séréniſſime leur a donné audience le 10, Elle eſt reſtée avec eux plus de trois quarts-d'heure, s'eſt fait rendre compte des demandes de la Colonie, en a approuvé la teneur; s'eſt fait montrer les pouvoirs donnés par les Colons de Saint-Domingue à ceux de France, & par ceux-ci aux Commiſſaires, & les a ſanctionnés par ſa ſignature que ce Prince a voulu confondre avec celle de tous les autres Colons.

M. le Marquis de Paroy a lu une Lettre, qu'il a reçue de M. Riorttiers de Bordeaux, qui avoit été annoncé avoir des fonds à la diſpoſition de Meſſieurs les Commiſſaires, pour ſubvenir aux frais de Bureaux & d'impreſſion. Cet Habitant mande n'avoir encore reçu aucun ordre à ce ſujet de la Colonie.

Réſolu, que Meſſieurs les Commiſſaires ſont trop

bons Patriotes, pour qu'un ſi leger obſtacle puiſſe les arrêter un ſeul inſtant ; qu'ils ſont trop heureux de trouver une occaſion de prouver à leurs Concitoyens, qu'ils ſont dignes de leur confiance ; que les frais de Conſultations, Copiſtes, Impreſſions, Voyages, & tous autres, qui tendront directement au bien, ne ſeront point épargnés ; que M. le Marquis de Gouy voudra bien ſe charger, comme il l'a fait juſqu'ici, de toutes les avances néceſſaires, & que MESSIEURS lui en tiendront compte, quand il le voudra, juſqu'à ce que des tems plus calmes, aient laiſſé la liberté de prendre des meſures ultérieures ſur cet objet.

Le prochain Comité a été fixé à Samedi 20 du courant, & ſe tiendra chez M. de Gouy.

M. de Gouy, tenant la plume, a rédigé le préſent Procès-verbal, & en a fait lecture à ſes Collègues, qui l'ont ſigné.

Fait à Paris, en Comité, ce Lundi 15 *Septembre* 1788.

Signé Le Duc DE CHOISEUL-PRASLIN, Le Marquis DE GOUY-D'ARSY, Le Comte DE REYNAUD, DE PEYRAC Le Comte DE MAGALLON, Le Marquis DE PAROY, Le Chevalier DOUGÉ, Le Marquis DE PERRIGNY.

Voilà, chers Compatriotes, l'Hiſtorique littéral de toutes nos Aſſemblées, délibérations, démarches, depuis le jour où vos premières lettres nous ſont arrivées, juſqu'à celui où nous vous répondons. Si tout ce qui précède, fait dans l'eſpace de 10 ſemaines, peut avoir quelque mérite à vos yeux, nous ſerons bien amplement dédommagés de nos travaux, de nos veilles; nous nous croirons encore vos redevables; & pour nous acquitter, après avoir payé au Patriotiſme le tribut de nos ſoins, nous vous prierons d'aggréer l'offrande de notre expérience & de nos conſeils.

Telle devait être la troiſième & dernière partie de notre lettre; nous vous l'avions annoncé en commençant, & nous ne vous diſſimulerons pas que nous avons été au moment de la ſupprimer. Il eſt ſi délicat de donner des avis, ſi difficile de les faire agréer, ſi pénible de les voir mal reçus, que pluſieurs de nous, voulaient s'en référer abſolument à votre prudence pour l'avenir; mais lorſque nous avons ſongé que quelque ſcrupuleuſe que ſoit l'exactitude de nos récits, il s'en faut bien que nous ayons pû vous peindre la ſituation politique des affaires, la position critique des Ministres, l'indécision systématique de la Cour; lorsque nous avons songé qu'il étoit pourtant impossible d'adopter un plan qui pût conduire au but, sans connaître à fond le terrein sur lequel on doit bâtir; lorsque nous avons songé que nous ne voulions pas parler d'après nous, mais que nous pouvions mettre sous vos yeux la conduite de la Bretagne, du Dauphiné, de la Provence, du Béarn; que nous n'aurions que quelques observations à y ajouter pour les adapter aux circonstances où se trouve la Colonie, alors, chers Compatriotes, nous avons cru unanimement devoir vous faire le plus sensible de tous les sacrifices, celui de notre modestie. Il ne nous reste plus que celui-là à vous offrir, puisque nous vous avons déjà fait, en acceptant vos pouvoirs, celui de notre amour-propre.

Dans cette disposition d'esprit & de cœur excités d'ailleurs par la prière que vous nous faites de vous tracer la route qu'il vous reste à ſuivre pour entrer dans cette magnifique Aſſemblée, la plus auguſte de l'univers, pleins de confiance en votre ſageſſe & en votre expérience qui ſuppléeront à notre inſuffiſance, nous allons ſans prétentions, comme ſans détours jetter ſur le papier tout ce que le Patriotiſme nous dictera.

ARTICLE PREMIER.

Il nous ſemble, chers Compatatriotes, que l'édifice que vous conſtruiſez doit porter ſur quatre baſes fondamentales.

1°. RÉUNIR de la manière la plus poſitive le vœu des trois parties de la Colonie.

2°. NE FORMER CE VŒU que de l'expreſſion libre de nos Concitoyens, & vous prémunir contre une forme qui, donnant des entraves à l'émiſſion de vos volontés, tendrait à produire comme le réſultat de vos délibérations, ce qui ne ſerait que l'effet de l'impulſion de l'autorité.

3°. LIBELLER LES pouvoirs que vous donnerez, de manière que tous les cas y ſoient prévus, & que les manœuvres des contradicteurs, ne puiſſent ſaiſir aucun prétexte pour en ſuſpendre l'activité.

4°. ENFIN, mettre tant de diligence dans l'exécution de vos démarches, & tant de promptitude & de ſecret dans l'expédition de vos dépêches, que vous puiſſiez réuſſir à déconcerter tous les obſtacles dont l'autorité & la ruſe chercheront à vous entourer.

Nous allons nous étendre ſur ces quatre points:

ARTICLE II.

Il vous ſemblera ſans doute aiſé, après avoir déja réuni des milliers de ſignatures dans la partie du NORD, d'obtenir celles du SUD & de l'OUEST, qui ſont parties intégrantes de la même Colonie, qui ont mêmes intérêts à débattre, mêmes priviléges à conſerver, mêmes doléances à faire entendre.

Pour vous procurer l'adhéſion de ces départemens, il ſuffira de la leur demander par une délibération de votre Comité, mais il

eſt

eſt eſſentiel que cette demande ſoit portée par deux Membres zélés de ce même Comité, députés l'un vers l'Oueſt & l'autre vers le Sud. Porteurs de cette invitation amicale & preſſante, ils feront part aux Habitans du préſent ouvrage que le Patriotiſme a dédié à toute la Colonie : & qui n'a d'autre but que d'obtenir ſuivant vos deſirs le redreſſement de tous les griefs dont ils ſe plaignent. Ils leur préſenteront enſuite les pouvoirs que vous avez envoyés à vos Conſtituans ; ils leur demanderont s'ils ne ſont pas l'expreſſion la plus fidèle de leurs propres ſentimens ; & ils les verront s'empreſſer de ſanctionner ce vœu par leurs ſignatures.

ARTICLE III.

Par une ſuite de cette prévoyance éclairée ſi néceſſaire dans un grand éloignement, nous penſons qu'il vous ſemblera important de faire ſigner par chaque Habitant pluſieurs exemplaires de ces pouvoirs à-la-fois, afin d'être à même de nous les renvoyer par quadruplicata au moins, & pour CAUSES.

ARTICLE IV.

Lorſque vos deux Députés auront parcouru, l'un le Sud, l'autre l'Oueſt, lorſqu'ils auront recueilli LIBREMENT le vœu de chaque Propriétaire ſur ſon bien, il eſt inconteſtable que le jour de leur retour vers vous, le VŒU GÉNÉRAL de la Colonie ſe trouvera réuni dans vos mains, puiſque vous avez déja celui de toutes les parties du NORD; c'eſt alors que ſans perdre un inſtant, vous nous expédierez ces nouvelles ratifications originales, & même des copies légaliſées, ſi on a le temps d'en faire, après avoir eu ſoin de réſerver pour votre propre ſûreté un des originaux, ou une copie collationnée en bonne forme. Nous vous indiquerons ci-après les adreſſes ſous leſquelles il faudra nous faire paſſer ces papiers importans.

ARTICLE V.

Quelle différence pourtant, chers Compatriotes, de cette manière vraiment ſimple & libre de recueillir la voix d'un peuple entier, d'avec celle que nous craignons bien que l'on ne cherche à introduire pour enchaîner votre liberté. Ici, nous avons lieu de croire que le même eſprit nous inſpirant tous, vous ferez, comme nous, les réflexions ſuivantes :

Puiſque le Miniſtre s'obſtine à ſe taire, il faut bien qu'il n'ait rien d'agréable à nous dire, & que nous cherchions à le deviner ; or, nous ſommes sûrs de deviner juſte en prévoyant les deux ſeuls cas poſſibles.

Ou il prétend vous fermer abſolument l'entrée des Etats-Généraux, c'eſt-à-dire, vous priver d'un droit inhérent à votre eſſence, d'un droit que vous aviez, puiſque vous êtes Français, & que vous n'avez pas pû perdre en allant mériter de la Patrie, & fonder un autre Empire pour votre Roi.

Ou il consent à ce que vous ſoyez admis dans cette Aſſemblée.

Article VI.

Dans le premier cas, comme la privation

qui vous ſerait impoſée ſerait une atteinte au droit des Gens, une violation du droit naturel des Nations, un dépouillement de votre plus précieuſe propriété, enfin, un acte abſolument contraire à l'eſprit des Traités que firent les premiers Colons avec les Rois de France, rien ne pourrait vous empêcher de chercher à concilier la ſoumiſſion que l'on doit aux Loix, avec l'intérêt général qui eſt la Loi ſuprême.

Vous en trouverez les moyens dans le Mémoire que nous joignons ici, & qui a été DÉLIBÉRÉ ET SIGNÉ par pluſieurs Juriſconſultes célèbres. Nous laiſſons à votre prudence le ſoin de mettre à exécution ces moyens de la manière la plus appropriée aux circonſtances dans leſquelles vous pouvez vous trouver, & qu'il nous eſt impoſſible de prévoir.

ARTICLE VII.

Dans le ſecond cas, ſi le Miniſtre conſent à votre admiſſion aux Etats, c'eſt alors, chers Compatriotes, que nous ne faurions affez éveiller dans vos ames l'idée du danger qui probablement vous menace. Nous fommes fondés à croire qu'en fuppofant que le Miniftre ait fenti l'impoffibilité de vous refufer la porte des Etats, il aura choifi pour vous y faire entrer, le paffage qui lui aura paru le plus analogue à fes vues. Il eft donc à préfumer qu'il aurait ordonné aux Adminiftrateurs de convoquer l'Affemblée générale de la Colonie DANS LA FORME ORDINAIRE, mais cette forme ORDINAIRE eft une forme abfolument abufive, & fur-tout inapplicable à l'objet dont il s'agit.

En effet, puifque vos Députés doivent être les libres Repréfentans de tous les Propriétaires, il faut que ce ne foit que des Propriétaires qui ayent voté en leur faveur, & que tous les Propriétaires de quelque importance ayent voté. Or, dans la forme ordinaire, & malheureufement ufitée depuis 1764, l'Affemblée prétendue de la Colonie n'eft compofée que de Membres des Confeils, d'Officiers d'Etats-Majors, & de quelques Commandans de Quartiers. Or, la plupart de ces Membres des Conſeils ne ſont point Propriétaires, ils ſont gagés par la Cour. Les Commandans de Quartiers ont été ſupprimés par les dernières Ordonnances, & les Officiers d'Etats-Majors, devant leur place au Miniſtre, ont des intérêts balancés. Donc cette compoſition eſt abſolument inconſtitutionelle & entièrement incompatible avec la liberté qui doit en être la baſe.

Que pourrait-on attendre de ſemblables Electeurs? ſinon, qu'ils choiſiraient pour DÉPUTÉS ceux que le Miniſtre auroit déſignés; qu'ils nommeraient pour vos Repréſentans des Individus qui ne peuvent pas vous repréſenter; qu'ils donneraient vos pouvoirs à des perſonnes qui n'ont aucun intérêt à défendre vos droits, & dont la complaiſance pourrait les laiſſer uſurper; enfin, qu'ils enverraient dans l'Auguſte Aſſemblée des Députés qui feraient CENSÉS vos Prépoſés, & dont la préſence devenue funeſte pour vous, ſanctionnerait toutes les Délibérations & Résolutions qui pourraient être les plus opposées à votre bien. Vous sentez donc combien il est important pour vous de chercher à acquérir par tous les moyens que votre sagesse vous indiquera, la tranquillité de vous savoir représentés ici par des Députés intègres, intéressés eux-mêmes à vous défendre, & sur-tout à l'abri de toute influence Ministérielle. Pour y réussir, nous nous référons encore à la marche que vous ont tracée rapidement les Jurisconsultes célèbres qui ont rédigé la Consultation ci-jointe. Vous y verrez combien vos droits sont certains, puisque dans le calme du Cabinet, des têtes froides & sans intérêt personnel, les ont présentés avec tant d'évidence; nous allons seulement entrer dans des détails qui n'étaient pas de leur ressort, & que nous croyons utiles; ils ne sont que le développement de leur projet.

ARTICLE VIII.

Les Administrateurs en vertu des ordres de

la Cour convoqueront l'Aſſemblée Nationale de la Colonie, ou ſi ces Adminiſtrateurs gardent le ſilence, la Colonie en vertu du droit inhérent à ſa conſtitution, penſera qu'elle peut ſe convoquer elle-même.

Alors à jour marqué tous les Propriétaires qui auront vingt-cinq Nègres au moins ſe rendraient chacun dans leur Paroiſſe, ſe réuniraient dans l'Egliſe ou à vue du clocher. Auſſitôt qu'ils ſeraient réunis, ils nommeraient l'un d'eux pour préſider cette Aſſemblée, c'eſt-à-dire, pour rappeller à l'ordre, recueillir les opinions; compter les voix, & un autre d'entr'eux pour tenir la plume, c'eſt-à-dire, écrire les délibérations, arrêtés, proteſtations, ſuffrages.

Cette élection néceſſaire pour la bonne règle, une fois faite, l'Aſſemblée, choiſirait pluſieurs de ſes Membres à la pluralité, & ces Membres choiſis ſeraient les ELECTEURS deſtinés à élire à leur tour, les Repréſentans futurs aux Etats-Généraux.

ARTICLE IX.

Après l'élection de ces Electeurs, l'Assemblée paroissiale leur donnerait une feuille ou cahier contenant les observations de la Paroisse & les représentations qu'il y aurait à faire pour corriger les abus existans.

Cette Assemblée sentirait alors que son objet ne serait pas rempli dans toute son étendue, si elle se séparait avant d'avoir signé par duplicata, non-seulement sa délibération, son arrêté, ses notes, mais encore les pouvoirs qu'elle aura conférés à ses Electeurs, & qu'il serait possible dénoncer à-peu-près en ces termes :

Nous soussignés, Propriétaires-Planteurs de la Paroisse de dépendance de en l'Isle de Saint-Domingue, assemblés régulièrement, d'après la convocation des Administrateurs de cette Colonie (si ce sont eux qui ont convoqué, & si ce n'est pas eux) *d'après le droit imprescriptible que toute Société a de se réunir, pour conférer paisiblement sur les affaires communes ; avons, en vue du Clocher de ladite Paroisse, nommé d'abord librement pour nous préſider, M. & pour rédiger nos délibérations, M. en préſence deſquels avons voté librement & nommé à la pluralité des ſuffrages, Meſſieurs N... M... P... auxquels nous donnons tous pouvoirs de ſe transporter au jour indiqué dans la Ville de Chef-lieu de cette dépendance, pour là ſe réunir avec les Membres élus comme eux par toutes les autres Paroiſſes, & y étant arrivés, choiſir entr'eux à la pluralité, un Préſident & un Secrétaire, comme nous avons fait, afin de procéder avec ordre & ſérieux examen à la nomination importante de 7 Députés, qui ſeront les Repréſentans réels & libres de ce département, dans la prochaine Aſſemblée des Etats-Généraux du Royaume, convoquée par le Roi, & qui doit avoir lieu dans le Continent.*

Enjoignons auxdits ſieurs N.... M..... P..... nos Electeurs, de remettre auxdits Députés-généraux les notes que nous leur avons confiées à cet effet, & un double en bonne forme des pouvoirs dont nous les avons revêtus. Voulons, qu'à l'inſtant de cette remiſe, la miſſion de nosdits Electeurs ſoit cenſée conſommée, & déclarons ratifier l'élection deſdits Députés-généraux, choiſis par la pluralité des ſuffrages; les regardons comme les vrais Repréſentans de la Colonie, non-ſeulement en ce qui concerne cette dépendance, mais encore en ce qui intéreſſe le bien général de la Commune; les chargeons de porter aux pieds du Trône, nos vœux, nos respectueuses doléances, & promettons solemnellement avoir pour agréable tout ce qu'ils auront arrêté librement dans l'Assemblée de la grande Famille, de l'aveu de la Nation, en présence du Chef de l'Empire.

Fait sous le Clocher de Dépendance de à Saint-Domingue, ce 1788.

Signé, &c. &c. &c.

Vous concevez, chers Compatriotes, que des pouvoirs libellés si clairement ne donneront aucune prise à la déclamation de ceux qui osent attaquer les nôtres.

ARTICLE X.

Vos Electeurs munis de ces pouvoirs, de vos doléances, de votre arrêté, signés en original, dont ils vous laisseront un double également original, devront naturellement se rendre le jour convenu au chef-lieu de la dépendance, c'est-à-dire, les uns aux CAP, les autres aux CAYES, les autres au PORT AU PRINCE, puisqu'il serait inutile, de perdre un tems précieux à vouloir rassembler les trois parties de l'Isle.

Suivant l'usage, aussi-tôt que les Electeurs des Paroisses seront arrivés dans le lieu de l'élection des DÉPUTÉS, le Gouverneur & l'Intendant, ou leurs Représentans comme COMMISSAIRES DU ROI, doivent entrer dans l'Assemblée, & y déclarer le sujet de la convocation. Après cette déclaration ils doivent se retirer à l'instant, afin de ne point gêner les suffrages. Alors les ELECTEURS nommeront entre eux un Président pour tenir l'Assemblée, & un Secrétaire pour en rédiger les Actes. Ils se communiqueront leurs pouvoirs respectifs, & les mettront sous les yeux du Président. Après cette formalité, ils procèderont à la pluralité, à l'élection d'un DÉPUTÉ aux Etats, puis d'un second, puis d'un troisième, &c. Leur choix pourra tomber indistinctement soit sur les Propriétaires qui résident actuellement à Saint-Domingue, soit sur ceux qui habitent en France, pourvu qu'ils les croient propres à remplir l'importante mission à eux confiée, & sur-tout dans une position telle qu'ils ne soient pas dans le cas de ſe laiſſer ſubjuguer par l'influence miniſtérielle.

ARTICLE XI.

Dès que les DÉPUTÉS ſeront nommés, l'uſage les proclame, & l'on demande à ceux qui ſont préſens s'ils acceptent, car il ſerait poſſible qu'il y en eût tel qui répugnât à entreprendre dans une ſaiſon rigoureuſe un voyage long & pénible. Si un ou pluſieurs s'excuſent, on élit d'autres Députés à leur place. Quant à ceux qui habitent en France, il eſt très-probable qu'aucun ne refuſerait une miſſion flatteuſe, & que nul prétexte ne peut les empêcher de remplir, puiſqu'ils n'ont pas de mers à traverſer, de ſaiſons à braver. Cependant comme le naufrage, la maladie ou la mort ſont des empêchemens communs à tous les hommes, & qu'une grande Colonie doit aſſurer ſes intérêts contre tous les coups du ſort, vous jugerez important de prévoir le cas où l'un de vos Députés manquerait, ce qui ſera très-facile, comme vous le verrez ci-après.

ARTICLE XII.

L'élection une fois consommée, le Président forme un cahier de toutes les feuilles de doléances que les Electeurs auront déposées sur le Bureau, & il remet ce cahier aux Députés-généraux qui en font tirer des expéditions en bonne forme pour en emporter deux, & en laisser une sur le lieu entre les mains du Secrétaire de l'Assemblée.

L'usage veut encore que l'Assemblée Provinciale ne se sépare point sans avoir rédigé par duplicata, non-seulement sa délibération, son élection, son arrêté, le cahier des doléances, mais encore les pouvoirs conférés à ses REPRÉSENTANS & que nous hazardons de libeller ici, pour prévenir le cas où vous seriez inquiétés par le manque d'usage des formes usitées :

Nous soussignés, tous Propriétaires-Planteurs de toutes les Paroisses de la dépendance de
en l'Isle de Saint-Domingue, & tous Electeurs choisis librement par lesdites Paroisses, revêtus de pouvoirs ad hoc,

assemblés régulièrement, dans la Ville de ou dans l'habitation du Sieur d'après la convocation des Administrateurs de cette Colonie (si ce sont eux qui ont convoqué, & si ce n'est pas eux) *d'après le droit imprescriptible que toute Société a de se réunir, pour conférer paisiblement sur les objets d'intérêt majeur & général, avons nommé d'abord pour nous présider,*
M. & pour rédiger nos délibérations
*M. en présence desquels avons voté librement, & nommé à la pluralité des suffrages 7 Députés pour le département où nous procédons *, savoir :*
MM. Propriétaires dans cette Colonie, y faisant leur séjour, & qui ont accepté cette nomination, & MM. Propriétaires dans cette Colonie, résidens en France, auxquels nous donnons tous pouvoirs de se transporter à Paris, ou dans tout autre lieu indiqué par le Roi, pour, là, se réunir avec les Membres élus comme eux, par toutes les Provinces du Royaume, prendre place en qualité de nos Représentans dans l'Assemblée générale de la grande Famille, sous les yeux du Père commun, y entendre & débattre tous les objets qui y seront traités pour le bien de l'Etat, veiller au maintien de nos droits, à la conservation de nos priviléges, porter aux pieds du

---

* Ce qui fait 21 pour toute la Colonie, à raison de 7 pour le Nord, 7 pour le Sud, & 7 pour l'Ouest.

Trône, en présence de la Nation, nos doléances respectueuses, obtenir le redressement de nos griefs, en un mot, suivre toutes les instructions particulières à eux par nous données, & d'après lesdites instructions, faire généralement tout ce qu'ils aviseront bon être, pour allier la plus grande prospérité de cette Colonie avec le plus grand avantage de la Mère-Patrie, dont les intérêts sont inséparables des nôtres, & réciproquement.

Et comme il serait possible, ce qu'à Dieu ne plaise, que des naufrages, la maladie, ou la mort, nous privassent d'un ou de plusieurs de ceux de nos Compatriotes en qui nous plaçons toute notre confiance; comme aussi nous avons jugé que des intérêts aussi chers ne pouvaient pas être convenablement surveillés par moins de sept Membres pour chaque partie & de 21 pour toute l'Isle, vû l'étendue de notre territoire, & la variété de ses productions, nous avons donné, & donnons par ces présentes, plein & entier pouvoir à nos Représentans de remplacer, à la pluralité des voix entr'eux par des Propriétaires, nos Compatriotes résidens en France, ceux qui nommés aujourd'hui par nous ne pourraient, pour quelque cause que ce soit, paraître dans l'Assemblée des Etats. Nous regarderons ces nouveaux Députés comme nos véritables Représentans à l'égal de ceux que nous avons nommé nous-mêmes, & promettons solemnellement avoir pour agréable tout ce que cette Députation aura arrêté librement en vertu de ses instructions

dans

dans l'Assemblée-générale du Peuple Français, de l'aveu de la Nation, en présence du Chef de l'Empire.

Fait en Assemblée Nationale, dans la Ville de (ou) dans l'habitation de près la Ville de à Saint-Domingue, ce 1788.

Signé, &c. &c. &c.

ARTICLE XIII.

Il nous semble, chers Compatriotes, que vos Députés munis de ces pouvoirs authentiques dont il faudra conserver un double, & leur donner plusieurs originaux duement signés & en bonne forme, peuvent hardiment se mettre en mer, & venir se joindre à ceux du Continent que vous leur aurez donnés pour Collègues. Il n'y aura pas un instant à perdre pour leur passage, car le Roi, par un Arrêt du Conseil du 8 Août 1788, vient d'annoncer que l'époque des Etats-Généraux serait avancée, & c'est un motif puissant pour mettre dans vos diverses opérations toute la célérité possible.

Nous ne pouvons présumer que l'autorité

cherche à vous enchaîner à terre pour vous empêcher de paſſer en France, & d'y défendre vos droits, & nous imaginons que vous partirez librement & que vous arriverez à bon port; mais pourtant ſi le pouvoir arbitraire vous retenait ſur la côte, votre ſageſſe, chers Compatriotes, dirigera vos démarches & vous fera aviſer aux moyens de nous faire parvenir; 1°. le réſultat de vos délibérations, vos arrêtés, & les pouvoirs donnés à vos Députés, dont alors nous nous prévaudrions en France; 2°. vos proteſtations de la violence à eux faite; 3°. quelques-uns d'entr'eux, ou au moins un ſeul pour mettre ceux de France à même de faire entendre vos juſtes plaintes, en les portant directement à l'Auguſte Aſſemblée; 4° enfin vos ordres ſur ce que nous aurions à faire dans cette circonſtance.

ARTICLE XIV.

Nous vous promettons, & nous le devons d'après votre confiance & nos pouvoirs, dans le cas où les Etats-Généraux s'ouvriraient avant l'arrivée de vos Députés, de ne cesser de réclamer vos droits en vertu des pouvoirs que nous avons reçus & qui sont renfermés dans la lettre que vous avez adressée au Roi, pour supplier Sa Majesté de trouver bon, que si le tems fixé par elle ne permettait pas à vos Députés de se rendre dans le Continent, vos Frères résidens en France reçussent d'elle l'ordre de s'assembler pour nommer vos Représentans, pour cette fois seulement, plutôt que d'être privés d'en avoir aux Etats-Généraux; & dans cette supposition, pour éviter tout inconvénient, nous vous prévenons, chers Compatriotes, que nous engagerons les Colons de France à ne nommer que NEUF DÉPUTÉS, afin que ceux que vous auriez choisis à Saint-Domingue, & que nous ne supposons pas être plus de DOUZE, à cause du motif que nous vous indiquons, ne fissent que complèter LES VINGT-UN, que nous vous exhortons à élire; de manière que les Colons de France nommant trois Députés pour chaque Département, il en reſterait 4 pour chaque Département à nommer dans la Colonie.

ARTICLE XV.

Vous aurez vû par notre Lettre au Roi, que nous en demandions 9 en tout; mais outre que nous n'avons pas pu vous lier par cette demande, c'eſt qu'il était important de ne pas effaroucher le Miniſtre qu'on nous avait aſſuré être peu diſpoſé à recevoir favorablement vos juſtes réclamations. D'ailleurs nous ne ſavions pas alors en quel nombre les autres Provinces députeraient. Ce que nous avons recueilli depuis, nous a mis à même de vous aſſurer que le nombre de vingt-un ſera inférieur à celui que nos grandes Provinces enverront aux Etats; & vous ſavez comme nous que deux cents lieues de côtes, tant de productions, tant d'intérêts, auront de quoi occuper vingt-une perſonnes zélées, lorſqu'il faudra préſenter à la Nation tout le travail, tous les Mémoires que le bien de la Colonie entière pourra exiger.

ARTICLE XVI.

Maintenant, chers Compatriotes, ſi vous avez lu attentivement les quinze Articles qui précèdent, vous y aurez trouvé, nous l'eſpérons, tous les moyens; 1°, de réunir le vœu des trois Parties de la Colonie. 2°. De ne former ce vœu que de l'expreſſion bien libre de nos Concitoyens. 3°. De donner aux Electeurs, d'abord, & enſuite à vos Repréſentans, des pouvoirs libellés d'une manière inattaquable. 4°. De preſſer vos opérations, & de nous en faire parvenir le réſultat avec ſûreté & promptitude.

Si vous voulez bien enſuite jetter les yeux ſur le préambule de cette Lettre, & y relire les trois grandes diviſions que nous vous avions annoncées, vous reconnaîtrez,

1°. Que nous vous avons accuſé la réception de tous vos paquets.

2°. Que nous vous avons fait le Journal le plus exact de tout ce qui s'eſt paſſé juſqu'à préſent, ſans oublier aucune Pièce juſtificative tant ſoit peu intéreſſante.

3°. Que nous vous avons dit avec amitié & ſans prétentions, tout ce que nous penſions qu'il vous reſtait à faire pour conſommer votre magnifique entrepriſe.

Et nous en concluerons que la tâche que nous nous ſommes impoſée en commençant cette Epître, eſt remplie juſqu'à ce jour.

Pour qu'elle ne ſoit point imparfaite, nous vous réitérons la promeſſe de dreſſer ici l'extrait du Journal de nos démarches ultérieures, & de vous le faire paſſer tous les quinze jours manuſcrit & par quadruplicata au moins.

Heureux ſi nous avons tout prévu, chers Compatriotes! Heureux, ſi vous voulez bien aller au-delà de notre prévoyance & ſuppléer à ce que nous aurions pu oublier!

Heureux ſi nos ſoins, nos peines, nos travaux ſont auſſi agréables à la Colonie, que la confiance de ſes Habitans nous a flatté!

Heureux enfin ſi le ſuccès couronne nos

communes démarches, & ſi Saint-Domingue en débutant ſur le grand Théâtre qui va s'ouvrir, y poſe la première pierre de cette proſpérité inaltérable qui ne peut exiſter ſans aſſurer des richeſſes immenſes à la Mère-Patrie !

Agréez ces vœux, & tous les ſentimens de confraternité intime, & d'amitié ſincère avec leſquels nous voulons toujours être,

MESSIEURS ET CHERS COMPATRIOTES.

Vos très-humbles & très-obéiſſans Serviteurs :

Le Duc DE CHOISEUL PRASLIN.
Le Marquis DE PAROY.
Le Comte DE REYNAUD.
Le Chevalier DOUGÉ.
Le Comte DE MAGALLON.
DE PEYRAC.
Le Marquis DE PERRIGNY.
Le Comte DE VAUDREUIL (*).
Le Marquis DE GOUY D'ARSY, { *Commiſſaire Rapporteur.*

(*) Elu le 6 Octobre pendant la rédaction de cette Lettre, à la place du Duc de Cérefte Brancas, retiré par raiſon de ſanté.

www.ingramcontent.com/pod-product-compliance
Lightning Source LLC
LaVergne TN
LVHW021832170726
843503LV00003B/919

* 9 7 8 2 3 2 9 7 7 1 3 0 4 *